DISSERTATION

SUR

L'ÉTAT ACTUEL DE LA MUSIQUE EN ITALIE,

Par M. J.-AUGUSTIN PEROTTI, DE VERCEIL,

Membre de l'Académie Philarmonique de *Bologne*, de celle des Belles-Lettres de *Venise*, Premier Maître de la Chapelle R. I. de la Cathédrale de *S.t-Marc*, à *Venise*;

Ouvrage

qui a été couronné par la Société Italienne de Sciences, Arts et Belles-Lettres, dans sa séance du 24 juin 1811;

Traduit de l'Italien

Par C. B****,

Membre de la Société Royale de *Göttingen*, etc.

———

A GÊNES,

DE L'IMPRIMERIE DE HYACINTHE BONAUDO,

Place des Écoles Pies, N.° 1458.

1812.

Decipimur specie Recti . . . . .

Hor. Art. Poet.

ARGUMENT.

Déterminer dans tous ses rapports et
par les rapprochemens les plus fa-
vorables, quel est le goût et l'état
actuel de la Musique en Italie ;

En indiquer les défauts, s'il y en a,
ou les vices qui ont pu s'y introduire ;

Et sur leur découverte, assigner les
moyens qui seraient les plus efficaces
pour les faire disparaître et pour
ramener l'Art à sa plus grande
perfection.

A L'AUTEUR.

C'est à moi qu'appartenait l'honneur de vous traduire, puisque déjà j'ai eu celui de donner à mes Compatriotes la traduction de l'Ouvrage de BURNEY sur l'Etat de la Musique en Europe à l'époque où il écrivait.

Votre Dissertation qui se rattache en quelques points au même plan, offre toutefois cette différence essentielle, que le Journal Musical du Docteur Anglais ne présentait que des matériaux recueillis pour servir à une histoire générale de la Musique que l'Auteur a publiée depuis, tandis que votre prolusion académique est un système complet de recherches savantes, profondes et philosophiques sur l'art en lui-même et dans ses rapports principaux, sur son essence, sur les conditions du mérite des Artistes, sur la science des Maîtres et l'emploi qu'ils en doivent faire, sur l'inappréciable utilité des Écoles

Musicales qui ont assuré les progrès de l'Art en Italie, sur les causes qui en ont amené la décadence, et enfin sur les moyens d'en prévenir le retour. C'est un Manuel historique et classique des plus, que les Professeurs auront à consulter et dont ils devront faire usage, pour eux-mêmes et pour l'instruction de leurs Élèves. C'est ainsi que la communication des Peuples et des Langues tourne au profit des Sciences et de la Philosophie.

LE TRADUCTEUR.

PRÉFACE.

—

Lorsque la Société Italienne de Sciences, Arts et Belles Lettres a proposé la question de *Déterminer quel est l'état actuel de la Musique en Italie,* je n'ai eu en vue, en m'occupant de la Dissertation que j'offre ici, que l'utilité publique : j'ai pensé que mon ouvrage, quel qu'en fût le mérite, pourrait être de quelqu'avantage à un art qui a une si grande influence sur les mœurs des différens peuples. Je n'ai point changé d'opinion, et en me rendant aux invitations flatteuses qui me sont faites par la So-

ciété Italienne, je me regarde comme
obligé de publier mon ouvrage,
depuis qu'il m'est permis de le faire
sous l'autorisation et avec le suffrage
des Savans distingués qui ont daigné
le couronner. J'ai pris la vérité pour
guide dans les recherches que j'ai
faites pour découvrir les causes qui
ont rendu jadis l'état de la Musique
si florissant en Italie, et celles qui ont
plus particulièrement et plus puissamment amené sa décadence. Si j'ai
été obligé d'attaquer quelques préjugés, je déclare que c'est sans en
vouloir à la réputation de qui que
ce soit : mais que pénétré de l'a-
mour du vrai, et tout enflammé du
zèle que j'ai pour l'Art, j'ai voulu
éviter le reproche offensant que les
étrangers font généralement aux pro-

fesseurs de Musique en Italie , d'être de purs automates , des artistes mécaniques *qui n'ont d'âme que dans leurs doigts* , et n'ayant d'autre talent que celui *d'obéir au Clavecin et de suivre l'habitude.*

On verra dans le cours de mon ouvrage , que je n'ai fait parade ni d'érudition harmonique, ni n'ai affecté le luxe des théories sublimes et mathématiques ; que j'ai évité au contraire et à dessein jusqu'à l'expression des termes *techniques* , et cela pour être plus clair , plus intelligible à tout le monde , et d'un avantage plus réel et plus général.

Je m'estimerais heureux dès-à-présent, si je pouvais me promettre de mêler aux suffrages dont m'a honoré le Corps Savant qui a couronné mon ouvrage, la bienveillance de l'homme instruit qui me lira sans passion et sans partialité ; je serais assuré d'avoir été d'un grand secours au plus sublime des arts, pour l'empêcher de succomber à la ruine qui le menace, et le porter à un état de grandeur et de gloire dont il est digne.

DISSERTATION.

PREMIÈRE PARTIE.

RIEN, je l'avoue, n'était plus digne de la sagesse de l'illustre Société Italienne des Sciences, Arts et Belles-Lettres, après avoir envisagé dans tous ses rapports, l'immense influence que la science divine de l'*Harmonie* a sur la société civile, que de proposer une question qui devait établir la nécessité de s'occuper de recherches exactes sur l'état actuel de la Musique en Italie, des moyens de la perfectionner et de découvrir comment *ce premier des Beaux-Arts* semble tendre à sa perte; et lorsque j'ai vu tous les plus beaux Génies de l'Italie invités par elle, à s'occuper de réunir leurs idées et de lui communiquer sans réserve leurs lumières sur cette importante question, j'ai osé penser, qu'en ma qualité de professeur, passionné comme je le suis pour mon art, à l'étude duquel j'ai consacré glorieusement mon tems et mes veilles, c'eût été méconnaître mes obligations, et, pour ainsi dire, me manquer à moi-même, si je restais dans un silence condamnable; il m'a semblé que je deviendrais responsable à la société de cette indifférence affectée.

A moins de vouloir éviter d'approfondir la question, j'estime qu'on ne peut y procéder qu'en remontant jusqu'à l'époque la plus voisine du dernier rétablissement de la Musique Italienne, afin de faire bien connaître les progrès réels que l'Art a faits depuis sa renaissance jusqu'à nous. Qu'on ne s'étonne pas d'ailleurs, si en parcourant les fastes de cette époque lumineuse, je me suis renfermé scrupuleusement dans les bornes du programme qui prescrit de ne s'attacher qu'à l'examen de ce qui tient spécialement et exclusivement à la Musique Italienne : c'est pourquoi je ne ferai mention ni de *Handel,* ni de *Bach,* de *Mozart,* ni d'*Hayden,* quoique des Auteurs célèbres, mais qui n'appartiennent point à notre Italie. Et puisque l'argument propose d'examiner la question sous trois points principaux, je diviserai de même ma Dissertation en trois parties. J'examinerai dans la 1re, quel a été l'état de la Musique depuis l'époque ci-dessus indiquée, jusqu'à nos jours, et par quels moyens elle est arrivée à la perfection qu'elle a obtenue; dans la 2e, quels sont les défauts et les vices qui l'ont conduite insensiblement à sa décadence; et dans la 3e, je m'étudierai à indiquer les moyens qui me paraissent les plus propres à empêcher nonseulement, et à prévenir la ruine entière de l'Art, mais à lui rendre une nouvelle vie, à rétablir sa gloire, même à l'accroître jusqu'à le faire reparaître dans un état plus brillant que celui qu'il a jamais eu. Et comme la Poésie est la compagne fidèle de la Musique, et comme aussi mon objet unique et principal doit être de traiter de *tout l'art divin de l'Harmonie*, il me paraît que je ne dois pas négliger de faire connaître quels sont les secours que ces deux sœurs peuvent se prêter mutuellement, et les dangers qu'elles peuvent avoir l'une pour l'autre. Je ne peux pas me dispenser non plus de dire en passant, quelques mots sur la Danse, non pas que j'entende traiter de *la Mimique*, mais seulement faire connaître quelle influence l'art de la Danse peut avoir sur la Musique en général, et faire apprécier le degré d'utilité ou de dommage qui en résulte pour le drame musical.

On sait assez tout ce que la Musique doit à *Guido d'Arezzo*, religieux bénédictin qui vivait dans le milieu du xi siècle, pour avoir retrouvé le premier, comme on le croit communément, *l'Harmonie*, ou l'accord des voix et des sons, et pour l'avoir portée à un degré de science qui seule lui a assuré une existence, lorsque jusques-là les nations anciennes et civilisées, telles que les *Grecs*, les *Phéniciens*, les *Hébreux*, n'avaient eu, pour ainsi dire, qu'une simple *Mélodie* (1). On sait pareillement que depuis *Guido* jusqu'à nous, il a été trouvé et à différentes

(1) Par *Mélodie*, nom composé de deux mots grecs, μῆλοσ, et οδη, on entend le simple chant ou les sons exprimés l'un après l'autre, formant la partie principale dans la Musique, par le moyen de laquelle on arrive à produire du plaisir, et à exprimer vivement les passions imitatives. Par *Harmonie* du nom grec αρμονια, qui veut dire accorder, rassembler, on entend la réunion formée de plusieurs parties différentes qui chantent en même-tems, ou d'instrumens qui exécutent ensemble, c'est l'objet de notre *Contrepoint*.

époques, beaucoup de lois nouvelles qui ont été prescrites successivement par les Écrivains qui ont joint la théorie à la pratique : Écrivains, dont une partie distinguée fleurit au milieu et au soutien de ces Ecoles de Musique théorico - pratiques établies à *Milan* par *Galeas Sforce*, à *Bologne* par le Pape *Nicolas V*, à *Ferrara* par *Leonello d'Este*, et à *Venise* par la République. Du nombre de ces Maîtres furent *Franchino Gaffurio, Lodovic Fogliani, D. Nicolas Vicentino, Zarlino da Chioggia* que son traité *Des dissertations harmoniques* a fait regarder comme le fondateur du genre pratique, *Galilei, G. B. Doni* et beaucoup d'autres excellens Auteurs. Mais comme on ne pourrait bien faire leur éloge, et assigner le mérite de chacun d'eux qu'à l'aide d'une histoire longue et raisonnée, je ne veux commencer mes recherches, ainsi que je l'ai promis, qu'à partir de la dernière époque du rétablissement de la Musique en Italie, pendant laquelle, l'art a subi des changemens notables; je ne parlerai donc que des progrès qu'il a faits jusqu'à nos jours; progrès qui devinrent bientôt pour l'Italie entière un vrai triomphe, qui étonna les Nations étrangères, les séduisit, les appela à venir en admirer les effets, qui enlevait tous les cœurs, et charmait les esprits par la force magique d'une harmonie qui les portait à des jouissances délicates, et aux sensations les plus délicieuses. *Louis XIV* est le Souverain qui a le plus fait pour hâter les progrès de la Musique, qui, depuis l'invasion des Nations étrangères, penchait vers sa décadence, et menaçait de tomber dans l'oubli ou le mépris. Ce Héros magnanime qui fixa plus d'une fois, durant son règne, les destinées de l'Europe, avait encore l'ambition de surpasser en magnificence et en luxe tous les Princes du Continent Européen; mais il en mettait surtout à se déclarer le protecteur des hommes distingués dans tous les genres de mérite et à les récompenser. Bientôt ils affluèrent à sa Cour, attirés par les deux plus puissans ressorts du cœur humain, l'intérêt et les honneurs. *Arcangelo Corelli* de *Fusignano*, *Louis Rossi* et d'autres tout aussi habiles, furent les premiers Artistes Italiens qui se laisserent aller à ces séduisantes perspectives; ils vinrent à *Paris* où ils commencèrent à rivaliser entre eux, et particulièrement avec *Lulli* le Florentin qui s'y trouvait établi depuis son enfance, attaché au service de la Cour où il jouissait d'une grande réputation (1). Ces talens étrangers firent tous les efforts que leur inspirait leur émulation pour obtenir la palme dans ce glorieux combat.

L'on vit bientôt se former deux partis, l'un de *Lulli*, l'autre de *Corelli*. Malheureusement le premier prévalut; le second fut obligé de céder, quoique d'un mérite au moins égal. *Corelli*, de retour en Italie, s'y mit à écrire des opéra qui y ont été si bien accueillis, que je peux me dispenser d'en faire ici l'éloge, n'y ayant personne qui en conteste le mérite. Ce Compositeur vivait dans le xvii siècle. C'est à lui, sans contredit, qu'on doit accorder l'honneur d'avoir su écrire le premier avec le plus de grâce, de s'être attaché à conserver avec soin la meilleure *Mélodie*

---

(1) Il est vraisemblable que *Lulli* avait été appelé à *Paris* lorsque le Cardinal *Mazarin* voulant introduire à la Cour un Opéra Italien, fit venir de *Florence* quelques Chanteurs distingués pour y représenter l'*Orphée*, Opéra qui avait déjà été joué à *Venise* avec la Musique du célèbre *Zarlino*. *Lulli* qui était en même-tems célèbre Violon et Maître de Musique, fut fait Secrétaire du Roi; il jouit de sa faveur jusqu'à sa mort.

dans toutes ses compositions. Entre ses opéra, on distingue le 5e qui a mérité la préférence ; on remarque dans les *adagio*, que l'Auteur y a fait briller un très-beau chant comme un trait principal, auquel il a su allier une harmonie régulière et bien conduite, sans jamais détruire la partie essentielle du chant. L'Ecole de *Corelli* réveilla l'attention de tous les Savans *Contrepuntistes* de son tems qui jusqu'alors n'avaient fait de l'harmonie qu'un travail d'imagination, en s'enveloppant dans des tournures embarrassées à la manière Flamande, avec un style dur, sec, aride, sans goût et insupportable à l'oreille. Ils sentirent bientôt, par ce qu'ils entendaient, qu'il fallait s'attacher avec plus de soin à la *Mélodie*, et l'envisager comme l'objet principal ; que pour plaire, il convenait de suivre la marche éclairée du Maître, et que s'ils ne devaient pas renoncer à cette prodigalité de fugues travaillées, de canons, de renversemens, de bruit, etc., ils devaient les écrire avec moins d'art et plus de grâce. Ceux qui s'adonnèrent ainsi à l'étude de la simple *Mélodie*, et qui y acquirent les premiers une réputation, furent *Melani* à *Rome*, *Segrenzi* à *Venise*, *Bassani* à *Ferrare*, *Stradella* à *Génes*, *Colonna* à

Bologne, et beaucoup d'autres habiles Professeurs qui vécurent vers la fin du 17ᵉ siècle. A leur exemple, d'autres parurent et se rendirent également célebres, *Gaetano Greco*, *Albinoni*, *Caldara*, *Bononcini*, *Sandoni* de *Bologne*, etc. Ces deux derniers soutinrent par leur mérite en Angleterre, la gloire du nom Italien au milieu de la réputation qui y avait, et dont y jouissait dans le même tems *Handel*; ils s'y firent entendre plusieurs fois en public avec un grand succès et une grande habileté, sur trois orgues que les Anglais avaient fait construire exprès pour que ces trois grands Virtuoses pussent fournir une preuve suffisante de leur talent, et mettre à même de faire décider à qui devrait être décerné l'honneur et le prix du combat. L'histoire de la Renommée rappelle aussi avec distinction *Tartini Piranese*, premier Violon de la Chapelle patronale de *Padoue*, au commencement du xviii siècle, qui joignait à la pratique, la théorie de son art, et qui s'illustra dans l'une et dans l'autre. On lui doit la découverte du 3ᵉ *son* du corps sonore, et ses ouvrages sur les principes théoriques lui ont valu la réputation d'être regardé comme l'un des Ecrivains les plus judicieux dans l'art musical. On lui attribue le perfectionnement de la science du Violon pour avoir adapté à l'instrument des cordes plus fortes que celles dont jusque-là on était dans l'usage de le monter, d'avoir assigné plus de longueur à l'archet; et en étudiant la manière de le conduire, d'être parvenu avec ces améliorations, et en réunissant la force à la douceur, à changer la voix rude et criarde qu'avait toujours eue l'instrument, et à lui faire produire des sons admirables.

Il s'appliqua aussi, à l'exemple de *Corelli* et à l'avantage de sa Nation, à faire des élèves; et c'est de leurs excellentes Écoles que sont sortis les *Locatelli* de *Bergame*, *Somis*, *Geminiani*, *Nardini*, etc., qui tous se sont rendus célèbres dans leur art, ainsi qu'on en peut juger par les ouvrages que chacun d'eux a laissés. On a retiré de leurs travaux et de ceux de plusieurs autres beaux génies comme eux, de voir se perfectionner l'art des instrumens. C'est en effet à cette époque qu'on a commencé à mieux composer les orchestres, à y distribuer les instrumens en assignant des places particulières aux premiers Violons, aux Seconds, aux *Alto*, aux instrumens à vent, aux Violoncelles ou Basses et Contre-basses, et dans un ordre qu'on n'avait pas connu jusque-là, de manière à prévenir la confusion et à éviter que leur réunion étouffât la voix du Chanteur. Les différentes Académies musicales qui se multipliaient déjà avec succès en Italie, ne contribuèrent pas peu à avancer la perfection sur cette partie de l'Art. Une des premières de ces Écoles fut celle établie à *Naples* par les soins du Roi *Ferdinand* d'*Arragon*, grand protecteur des Lettres et des Beaux-Arts. Cette École devint célèbre par l'honneur qu'elle eut de produire plusieurs Maîtres distingués, comme nous le verrons lorsqu'il en sera question. On fonda à *Sienne* une Académie de Musique et de Poésie, lorsque déjà *Vérone* possédait celle *de' Filarmonici*, instituée par *Albert Lavezzola*. *Bologne* avait eu d'abord son Académie *de' Filomusi*, lorsqu'on y établit encore celle *de' Filarmonici* qui devint ensuite très-fameuse. Elle se glorifie de compter parmi ses fondateurs, *D. Augustin Filipucci*, le Maître du P. *Ange Predieri*, qui fut le premier précepteur du très-savant P. *Martini*. Elle compte aussi parmi ses membres, les plus forts *Contrepuntistes* devenus depuis les Maîtres de l'Art. Ce serait, je le sens, donner un prix réel à mon ouvrage si je voulais analyser le mérite particulier de chacun de ces Instituts et des individus qui les ont illustrés. Mais je ne pourrais le faire qu'en sortant des limites que je me suis données, et dont l'objet n'est autre que d'indiquer les Auteurs qui ont contribué le plus aux progrès de l'art, et de faire connaître exactement les moyens qu'on a suivis pour porter la Musique à sa perfection.

On ne négligea rien de tout ce qui pouvait conduire au succès de ces vues. En même-tems qu'on fesait faire ainsi des progrès à la Musique instrumentale, qu'on composait des traités sur les lois de la *théorie* et de la *pratique*, on sentit la nécessité de faire une étude particulière de l'Art du chant, et bientôt on établit des écoles publiques spéciales à *Naples*, à *Rome*, à *Bologne*, à *Venise*, à *Modène*, à *Génes*, à *Milan* et à *Florence*, dans lesquelles on enseignait à prendre la voix, à la porter, à la moduler, à l'arrêter à volonté, à bien exprimer le sentiment de la Poésie, à faire usage des agrémens sans en abuser, à prononcer de manière à faire distinguer les paroles, et à respirer à propos; enfin à apprendre tout ce qui pouvait former un excellent Chanteur. On ne tarda pas à en obtenir les plus grands avantages : on vit sortir de ces Écoles des sujets très-habiles, et dont la mémoire nous est restée. L'École de *Naples* nous en a donnés qu'on ne saurait trop citer, *Ferri le Perugin* et *Farinelli* (1); celle de *Bologne*, *Guadagni* et *Bernacchi*, celui-ci devenu plus fameux encore par les élèves qu'il a faits : *Raff*, *Tedeschi*, *Guarducci* et *Mancini;* l'École de *Florence*, la célèbre *Vittoria Tesi;* celle de *Venise*, *Faustina Bordoni* et tant d'autres, dont les bornes de mon onvrage ne me laissent pas la faculté de parler. L'état d'amélioration qu'avait obtenue alors la Musique vocale et instrumentale ayant été assuré, il fut aussi question de s'occuper de celle des Ouvrages Dramatiques. On s'attacha à rendre la composition des Symphonies plus agréable, à leur imprimer plus de mouvement, à les rendre propres à produire plus d'effet, à mettre plus de goût et de grâce dans la modulation des *Récitatifs*, comme aussi plus

---

(1) *Carlo Broschi*, dit *Farinelli*, Chevalier de l'Ordre Royal d'Espagne sous *Ferdinand VI*.

de vérité et de simplicité dans la texture des Airs. Mais pouvait-on se flatter d'arriver au *grandiose* et au but intéressant qu'on se proposait, de réformer le Théâtre, sans le secours de la Poésie qui se lie si étroitement à la Musique? Jusque-là la Poésie Dramatique était méprisée, parce qu'elle offrait si peu d'intérêt qu'elle nuisait au mérite que pouvait avoir la Musique elle-même. Il suffit, pour s'en assurer, de jeter un coup-d'œil sur les ouvrages mis en Musique alors par les célèbres *Alexandre Scarlatti, Leonardo Leo, Feo, Colonna* et *Nicolò Porpora*. On aperçoit dans les compositions de ces grands Maîtres, que tandis que les Airs commençaient à respirer la grâce et la mélodie, à s'envelopper d'accompagnemens mieux nourris, plus brillans que par le passé, d'un beau chant, facile et naturel, la Poésie, au lieu de lui prêter, en sœur fidèle, ses secours et du soutien, ne servait qu'à l'affaiblir, et à la déshonorer. Il était donc nécessaire que les Poëtes songeassent à réformer la Poésie musicale en substituant à un style ampoulé, froid, puéril et monstrueux, le grand, le sublime, le pathétique, le simple, propre à présenter des tableaux vrais et nobles, à

retracer de grands caractères et bien sou-
tenus, enfin qui sussent rendre fidèlement la
Nature et la saisir à propos. On avait alors la
fureur des Madrigaux. C'était le premier genre
que les Poëtes s'étaient attachés à rendre musical, et ceux qui se sont le plus distingués dans
cette sorte de composition en y mettant les
airs, sont *Luc Marenzio*, *Monteverde*, *Clari*
et d'autres. L'*Abbé Ant. Conti*, Patricien de
Venise, se mit à composer des Cantates,
encouragé par *Bened. Marcello*; il y réus-
sit; la *Cassandra*, le *Timothée*, l'*Andro-
maque* et plusieurs autres qu'il a données,
sont pleines d'intérêt, d'abord par rapport
au mérite poétique qui révèle des beautés
en grand nombre et inconnues jusques-là,
et qui firent une grande sensation, et sur-
tout sous celui de la Musique qui est le
chef-d'œuvre de *Marcello* qu'on peut appeler
le Prince de l'*Harmonie*, la gloire de *Venise*
et de toute l'Italie, et dont le nom rendu
immortel doit échapper à la rage destructrice
des siècles. On ne peut refuser aussi un tribut
d'éloges à la Poésie des Pseaumes d'*Ascanio
Giustiniani* pour l'avoir si bien appropriée
au chant; il y a lieu de penser qu'il en aura
dû le mérite en grande partie à *Marcello*,

qui était lui-même instruit dans les Belles-Lettres et sur-tout dans la Poésie (1). Cet ouvrage est au-dessus de tout éloge et suffirait seul pour illustrer le siècle où il a paru. La grandeur du style, la profondeur de la science, la parfaite connaissance de la Musique, et l'union de l'ancienne avec la moderne, la simplicité, l'expression si vraie des paroles, tout y démontre que *Marcello* a été un de ces Écrivains si rares qui ont atteint le but de la perfection, en sachant allier, suivant la maxime d'*Horace*, l'*utile* à l'*agréable*. Pour en revenir à la Poésie Dramatique, on parvint à faire proscrire un autre abus remarquable et qui dominait encore, celui d'entre-mêler le genre *buffe* au sérieux. On parvint aussi et peu-à-peu à rendre le vers plus flexible, plus harmonieux, le récitatif plus intéressant et l'air plus facile à chanter, tous ayant reconnu la vérité de ce principe, que la Musique veut être variée dans sa mesure, ce qui lui donne ainsi le moyen de varier sa Mélodie. Après *Rinuccini*, *Martelli* et *Man-*

----

(1) On peut voir sa vie écrite en latin par *François Fontana*, traduite ensuite en italien et insérée dans l'édition des Pseaumes imprimés à *Venise* par *Valle*.

fredi (pour ne point rappeler tant d'autres Ecrivains qui n'étaient point sans mérite) parut *Apostolo Zeno*, le grand, le vrai restaurateur, et pour dire mieux, le créateur du Drame, à qui les Muses sourirent et conférèrent le don de traiter dignement des sujets grands, nobles, brillans, et d'ouvrir ainsi la carrière au Génie divin de *Métastase* qu'on peut qualifier avec raison, le prodige du siècle passé, que la postérité a placé au temple de la Gloire, et qu'elle y a salué avec respect, comme le premier Poéte Dramatique du Monde, que la Grèce aurait pris pour *Apollon* ou au moins, pour son émule. Il se servit de ses connaissances dans *l'art musical* pour mieux appliquer sa Poésie à la Musique en faisant servir la variété de la mesure à l'harmonie du vers ; en substituant à l'expression froide et languissante des Poétes d'alors, le langage animé de la passion ; en donnant à l'Harmonie un dessein capable de recevoir des couleurs expressives et des nuances vraies. C'est à lui que nous sommes redevables de l'excellence à laquelle est arrivé le goût de la Musique en Italie ; et l'on peut dire avec raison, que c'est le feu de *Métastase* qu'on a vu jeter de si

(18)

vives étincelles dans le cœur des *Pergolese*, des *Vinci*, des *Jomella* et de tant d'autres Compositeurs; qu'il a épargné aux Chanteurs la moitié de leur fatigue; qu'il leur a facilité le mouvement des inflexions musicales, tout en leur donnant plus de richesse. Ce Poéte immortel, tout couvert qu'il était du laurier des *Césars*, ne dédaignait pas, lorsqu'il écrivait ses Ouvrages Dramatiques, de s'entendre, de se concerter avec le Maître de Chapelle (1), sachant bien que ce n'était qu'en associant ainsi les deux Arts, qu'ils pouvaient s'emparer du cœur humain, et qu'ils ne pourraient le gouverner que par une étroite union et une correspondance intime entre l'un et l'autre. Cependant on voyait encore dans les compositions de ce tems-là, comme dans celles de *Gasparini*, de *Scarlatti* le Jeune, de *Demajo* (2), de *Durante*, *Vinci*, *Perez*, *Sarro*, *Mancini*,

____

(1) *Quinault* en faisait autant, il obéissait aux avis de *Lulli*; et c'est par ce moyen que l'un et l'autre ont fixé le bon goût en France.

(2) *Demajo*, après avoir quitté l'École de *Naples*, devint écolier du *P. Martini*. Il a mérité d'être distingué parmi les Maîtres de Musique, autant que le *Titien* l'est parmi les Peintres.

dominer le très-grand défaut des *Da capo* ou de la *Ritournelle* dans les Airs d'agilité. Outre que c'était outrager la raison et offenser le bon goût, c'était distraire l'Auditeur de l'action principale du Drame, en attachant son attention toute entière au talent du Chanteur. C'était ensuite une chose monstrueuse que la diversité du style et l'extrême brièveté avec laquelle on écrivait la seconde partie de ces sortes d'Airs qui semblait auprès de la première, un *Pygmée* à côté d'un *Géant*. Il existait une autre extravagance non moins criante, et qui consistait à arrêter les *Sopranes* comme par une convention expresse, pour les faire *vocaliser* assez long-tems, sans autre but que de faire entendre une *enfilade* de notes dont ils faisaient une habitude et un mélange particulier qu'ils employaient indistinctement à tous les genres de Musique et de Poésie, et avec lequel ils parvenaient à détruire, contre toute règle de convenance et de goût, l'expression des paroles. *Pergolese* lui-même n'a point été exempt de ces défauts, lui, dont les ouvrages et le génie ont illustré l'Italie, et dans lesquels on trouve la simplicité unie à la noblesse du style, ainsi qu'on le voit dans ses Opéra, l'*Olympiade*, l'*Orphée*, la

Servante Maîtresse et sur-tout dans son *Stabat*, production étonnante qui a excité de si grands applaudissemens chez les Italiens et chez toutes les Nations cultivées de l'Europe (1). Et toutefois, tout en admirant les compositions de ces sublimes Auteurs, nous sommes obligés de gémir sur les défauts que nous y remarquons, mais qui sont dus aux tems dans lesquels ils vécurent. Pour

---

(1) Voici ce qu'on lit dans *l'Histoire critique des Théâtres de Signorelli*, tom. V, page 249, Edition de *Naples*. « A quel Maître de Musique distingué en « a-t-il été fait autant ! (en parlant des honneurs conférés à des hommes célébres dans la Musique) en « a-t-on érigé (il s'agit de statues) à *Leo*, à *Pergolese*, à *Piccini*, à *Jomelli !* Effet étonnant du « génie et du climat d'Italie ! Les arts sous ce ciel « fleurissent sans récompense et sans encouragemens « brillans, sans les statues qu'ils trouvent à *Paris*, « sans les pensions qu'ils obtiennent à *Pétersbourg*, « sans les honneurs qu'on leur accorde à *Londres*, « sans.....et même.....»

Si l'historien avait écrit dans le siècle de *Napoléon*, il aurait pensé bien différemment, en apprenant les honneurs et les récompenses accordés aux *Crescentini*, aux *Paèsiello*, qui ont été décorés du titre de Chevalier, et en voyant la mémoire de *Pergolese* consacrée par des médailles en bronze qu'on frappe encore tous les jours à *Rome* en sa mémoire.

en extirper jusqu'aux racines profondes qu'ils avaient jetées, il fallait un génie extraordinaire, un homme qui fût en même-tems savant Musicien, Philosophe, Littérateur et Poëte. L'Italie eut la gloire de le faire naître dans le célèbre *Jomella* de *Naples* qu'on a appelé très - justement un autre *Apollon*, comme on le lit dans une inscription mise au bas d'un buste magnifique en marbre qui le représente et qui existe depuis quelques années dans la Bibliothèque du *P. Martini*. On regarde *Jomella* comme le *Raphaël* de la Musique; tant est brillant l'éclat, l'originalité de son style, sa fécondité, la gaieté, la vivacité, la profondeur de son savoir et l'expression qu'il a su donner aux paroles dans toutes ses compositions. Si *Jomella* a dû à la Nature quelque chose de ses avantages particuliers, il en a dû bien davantage aux soins du Maître qui sut développer en lui des dispositions aussi précieuses. En effet, après avoir étudié à *Naples* sous la direction du savant *Feo* et avoir déjà donné au Public des preuves d'un talent distingué, guidé par les conseils mêmes de son Maître, il passa dans l'école de l'incomparable *P. Martini*, dont le nom est un éloge, mais un éloge

bien inférieur au mérite de ce grand homme.
Son *Histoire de la Musique*, son *Essai sur
le Contre - point* et tant d'autres ouvrages
tous dignes du *cédre* (1), parlent assez et
parleront tant que l'Art subsistera ; ce qui
parle encore, c'est la liste nombreuse des
disciples habiles qu'il a faits ; ce sont les compositions musicales et scientifiques qu'il a pu-
bliées Fort de la gloire d'un si grand Maître,
c'est alors que *Jomella* a pu s'ouvrir une carrière que ses Prédécesseurs n'avaient point
connue. En effet, on peut voir par l'examen
critique de ses ouvrages, qu'il a soumis la Musique à la véritable expression de la Poésie,
et que c'est la raison pour laquelle il serait
impossible de substituer, ce qu'on peut faire
le plus souvent à l'égard des productions de
beaucoup d'autres Auteurs, une Poésie dif-
férente sous sa Musique. S'il a quelquefois
répété les paroles, il ne l'a jamais fait qu'autant que cette répétition pouvait servir à
donner plus d'énergie à la passion et fixer
l'attention sur l'objet principal. Il s'est atta-

---

(1) Expression qui rappelle l'usage que faisaient les
Anciens du bois de *cédre* de préférence pour assurer la
conservation d'objets précieux.   *Note du Trad.*

ché dans ses modulations à suivre l'accent varié de la Poésie et à obéir à ses différentes affections avec tant de vérité et de naturel, que si on exécute sa Musique sans les paroles, on y retrouve encore tout ce que son ame a voulu exprimer. Il a traité avec la même facilité les divers genres, se montrant tantôt sublime, tantôt touchant, pathétique, gracieux, agréable et délicat. Il a employé la science du *Contre-point* à poursuivre le véritable objet qu'elle doit avoir en vue, en le considérant comme le moyen d'atteindre au but qu'on se propose. Sous sa plume, non-seulement les Airs de toute espèce prirent une énergie inconnue avant lui, mais même les *Récitatifs*, les *Duo*, les *Trio* qu'il s'est attaché à introduire dans les situations les plus intéressantes du Drame. D'après tous ces détails on peut concevoir aisément combien la vie de *Jomella* a dû être utile et avantageuse au Théâtre, sans que j'aie besoin de faire autrement son éloge. Et si au surplus on était curieux de le lire, on le trouvera consigné dans l'ouvrage imprimé à *Naples* de *Xavier Mattei*, intitulé : *Paraphrases des Pseaumes.* Depuis, on a vu fleurir non-seulement la Musique du Théâtre, mais on a vu paraître encore beaucoup de Maîtres de Musique d'Eglise (1) et d'un talent distingué. La Chapelle de *S.t-Antoine* à *Padoue* a possédé *Valotti* qui disputait d'émulation et de mérite avec le *P. Martini* qui était dans le même-tems Maître de la Chapelle de *S.t-François* à *Bologne*. L'Eglise de *S.t-Marc* à *Venise* avait pour Maître de Chapelle *Buranello* qui joignait à un savoir profond le singulier talent d'exciter avec la magie de sa Musique, et malgré tous les obstacles qui semblaient s'y opposer, le plus vif enthousiasme sur son auditoire (2). La Chapelle de *Lorete* avait en même-tems pour Maître de sa Musique le fameux *André Basily* qui y a laissé des ouvrages très-recommandables. A *Milan* on venait de voir succéder au très-savant Compositeur *Carlo Balioni*, *Fiorini* qui pouvait disputer avec les meilleurs Chefs de l'Ecole Napolitaine, tandis qu'à *Rome Jomella* faisait tous ses efforts pour surpasser *Palestina* son prédécesseur, le soutien de la Musique

---

(1) Il faut comprendre dans cette classe les Oratoires, et spécialement ceux si renommés qui se trouvent dans les 4 Conservatoires de *Venise*.

(2) C'est *Buranello* qui a introduit en Allemagne le goût de la Musique Italienne.

et l'auteur du genre de celle d'Eglise, qui porte encore son nom. Et puisqu'il ne m'est pas possible de parler de tous les Compositeurs qui avaient fleuri dans le même tems, je me contenterai de dire que presque toutes les Villes d'Italie, même les moins considérables, s'intriguaient à l'envie pour avoir d'excellens Maîtres de Chapelle; et comme on n'y conférait ces postes que sur un examen sévère et impartial, et à ceux qui y montraient plus de mérite, l'inquiétude que ce concours jetait dans l'esprit des hommes à talens, éveillait leur émulation et opérait vraiment des prodiges. C'est ici le cas d'observer que comme le service de toutes ces Chapelles nécessitait aussi qu'on y attachât un nombre déterminé de Chanteurs, d'Organistes et de joueurs de toute espèce d'instrumens, les différentes Écoles de Musique se trouvaient suivies par une foule de jeunesgens qui les fréquentaient non-seulement par le sentiment de la gloire, mais par l'espérance certaine de se procurer par la suite une existence honorable.

Les Écoles de chant s'étant maintenues dans cet état de prospérité, on vit succéder à ces premiers artistes dont il a été parlé

plus haut, *Aprile* et *Elisi :* parmi les femmes,
la *Gabrieli*, la *De Amicis*, etc. Après ceux-ci,
et plus récemment, *Rubinelli*, *Marchesi*,
Crescentini, *Senesino*, et parmi les *Tenors*,
Ansani, *David*, *Babbini;* en femmes, la
Moriggi, la *Morichelli*, la *Silva*, la *Todi*,
la *Banti*, la *Grassini*, la *Catalani;* et sans
parler des talens particuliers de chacun de
ces enfans chéris de l'harmonie, je me bor-
nerai à rapporter ce qu'un Auteur étranger (1)
d'ailleurs très-digne de foi, a dit de nos chanteurs modernes dont il a parlé en traitant
des genres de gloire qui appartiennent à la
Nation Italienne.

« Je ne peux m'empêcher de reconnaître,
« (dit-il) que si le chant consiste dans tout
« ce qui constitue la faculté de modifier
« la voix en mille manières avec la plus
« grande adresse et toute la délicatesse pos-
« sible, cet art a fait des progrès prodigieux
« en Italie. La pureté du climat; le tact
« exquis que ses habitaus ont en matière de
« Musique; la longue habitude de la juger
« et de la sentir; la multiplicité des moyens

---

(1) *Arteaga*, sur les révolutions du Théâtre, tom. 3,
pag. 50.

« de comparaison; la langue qui est pleine
« de douceur et de mélodie; la légéreté,
« l'agilité qu'on y fait acquérir à la voix aux
« dépens de l'humanité; telles sont les causes
« qui ont dû rendre les Italiens tout aussi
« propres à perfectionner chez eux ce genre
« de talent, que les Sybarites étaient jadis
« habiles à raffiner sur les douceurs de la
« vie, ou que les Danseuses de *Suratte*, dont
« un Écrivain philosophe nous a peint l'his-
« toire avec son style rapide et brillant,
« sont savantes dans l'art de varier à l'in-
« fini les ressources de la volupté. L'art
« d'exécuter les plus petites nuances, de
« diviser le *son* plus délicatement, d'exprimer
« en mourant, les différences insensibles, de
« fondre la voix, de la filer, de la conduire,
« de l'employer à détacher les sons, de la
« faire vibrer, de la retenir; la volubilité,
« la gaieté, la force, les transitions inat-
« tendues, la variété dans les modulations,
« l'habileté dans les *appoggiature*, dans les
« passages, dans les trils, les cadences dans
« l'emploi des voyelles, ainsi que dans tout
« autre genre d'ornemens : le style délicat,
« savant, raffiné, fin, quelquefois l'expres-
« sion des affections plus tendres, poussée

« jusqu'à l'évidence ; tout cela est l'histoire
« des merveilles du ciel d'Italie , employées
« et exécutées admirablement par plusieurs
« de ses Chanteurs encore vivans. J'avoue
« d'autant plus volontiers cette habileté que
« je reconnais en eux, que je me pique da-
« vantage d'être impartial et juste à leur
« égard. Je dirai plus encore, que sous le
« rapport du chant, ils ont acquis une cé-
« lébrité telle, que ce ne sont pas seule-
« ment les nations modernes pour qui il est
« incontestable qu'il n'y en a aucune qui
« puisse disputer sur ce point avec l'Italie ,
« mais que je reste convaincu que même
« chez les Anciens , les deux nations les plus
« civilisées , les *Grecs* et les *Latins* , n'ont
« jamais atteint sur leurs Théâtres cette ha-
« bileté et cette délicatesse de modulation
« qu'on voit pratiquer par les Chanteurs de
« nos jours ». Malgré tout cela, et après un
éloge aussi complet, le même Auteur se plaint,
en ajoutant que cette manière de chanter a
gâté la nature de la Musique et de la Poésie
par la mauvaise application qu'on y a faite des
meilleures qualités du chant. Il justifie son
assertion en rapportant des *solécismes* en Musique employés par quelques-uns de ces mêmes

chanteurs. Mais on sait bien que dans les Beaux-Arts en général, il y a peu de personnes qui atteignent à la perfection, et il serait injuste, d'après cette observation, de frapper du fouet de la critique, l'artiste qui avec un goût très-délicat, ne s'arrête pas seulement à l'étude des fredons, des roulades, des trils, des cadences éternelles, mais s'applique à donner l'expression juste aux sentimens forts, aux sentimens tranquilles, au pathétique, au doux, au sublime, en un mot, à parler le langage des passions. Il suffit pour faire admettre ma proposition, que je puisse en signaler un seul qui exclusivement et pour la gloire du Nom Italien, ait su maîtriser les affections au point de leur donner à toutes, leurs traits propres, la physionomie qu'elles ont dans la Nature. Cet artiste c'est le célèbre *Pacchierotti.* Homme unique et incomparable! toi seul as connu les replis du cœur humain à ce point que l'Auditoire, entraîné dans son illusion, de l'imaginaire jusqu'à la vérité par le prestige de ta voix, éprouvait et réellement toute la vivacité des affections de ton ame! *Euterpe* t'a comblé de ses dons, puisque tu as pu extasier le monde attaché tout entier au pouvoir de tes lèvres! Qui aurait pu

retenir ses larmes au pathétique de ton récitatif? qui pouvait ne pas se sentir pénétré
du feu dont toi-même étais embrâsé? qui a
jamais su montrer avec plus d'évidence la
parfaite analogie entre l'imitation et l'objet
imité? Si *Raphaël*, si *Métastase* ont su fixer
l'époque de la grandeur dans leur art res-
pectif, on peut dire également que *Pacchierotti* a fixé celle du chant, et qu'il a été
porté par lui dans le siècle dernier, au plus
haut degré de perfection.

On concevra quel devait être le degré de
confiance et de sureté avec lequel des spectateurs qui entendaient habituellement de si
grands Chanteurs, pouvaient prononcer, sans
craindre de se tromper, sur le mérite des
compositions des grands Maîtres. Leur jugement n'était que la conséquence toute naturelle des succès étonnans qu'avaient généralement les ouvrages des *Piccini*, *Sacchini*,
Sarti, *Bertoni*, *Borghi*, *Paësiello*, *Bianchi*,
Anfossi, *Guglielmi*, *Prati*, *Gazzaniga* et de
plusieurs autres, dont quelques-uns vivent
encore, tous Auteurs de grande distinction,
nés pour éveiller par-tout où on les entendra
l'admiration universelle, chargés par leur
mérite du soin de donner à l'Art un plus

grand lustre, et à le purger du reste des défauts qui le souillaient encore. *Piccini* toutefois est de tous ces grands Écrivains celui qui a contribué le plus à la restauration du Théâtre. Avec un esprit tout particulier, une imagination très-féconde, une profonde connaissance de l'Art, une grande érudition, écrivant en philosophe, il a fait par ses ouvrages l'étonnement non-seulement de l'Italie, mais de l'Europe entière, et de la France sur-tout, où il a laissé, dans la langue même du pays, des ouvrages immortels, qui l'ont fait appeler par les Français, *le Dieu de la Musique*. C'est à lui que nous devons, et à quelques autres Auteurs que j'ai cités plus haut, d'avoir vu introduire dans les Opéra, les airs de différens caractères, tels que le *Rondeau*, la *Polonaise*, si vive dans son mouvement, les *Prières*; la forme tout-à-fait nouvelle donnée depuis aux airs de *bravoure*; d'avoir fait supprimer dans les instrumens les Unissons à la partie chantante, ce qui ne servait qu'à couvrir et à étouffer la voix du Chanteur; d'avoir amené ces chœurs qui se mêlent et s'attachent si bien à l'action, et la composition de ces grands morceaux mieux concertés: de voir dans les *Opéra sérieux*, les finales qui y forment des

tableaux bien dessinés, et qui servent à imprimer plus de mouvement et plus d'ame à
l'objet principal de l'action. Tous ces grands
Compositeurs méritent une mention particulière et honorable, parce que chacun d'eux
retrace dans ses compositions un génie qui lui
est propre. *Piccini* est tout feu; *Sacchini* se
distingue par la douceur et le tendre; *Sarti*
par la force et la vigueur; *Bertoni* est savant
et naturel; *Borghi* est un écrivain exact et
plein d'ame; *Paësiello* est pur et son style est
charmant; *Bianchi* majestueux et brillant;
Anfossi brille par sa simplicité; *Salieri* est
profond en même-tems qu'il est agréable, et
Guglielmi est fleuri et fécond. Tels sont les
points principaux de lumière, au moyen des-
quels il devient facile de reconnaître l'Auteur
d'un ouvrage de Musique, lors même que son
nom n'est pas indiqué. Telles sont les pro-
priétés qui caractérisent le *Giulio Sabino* de
Sarti, l'*Armide* de *Bertoni*, le *Pyrrhus* de
Paësiello, le *Cid* de *Sacchini*, l'*Orphelin de
la Chine* de *Bianchi*, etc. Quel sera donc le
caractère de *Cimarosa?* Pour le déterminer,
consultons ses nombreuses et belles productions, et choisissons parmi elles, son grand
Opéra *des Horaces et des Curiaces*, chef-

d'œuvre de Musique qui renferme dans toutes ses parties un talent éminent et qui lui est propre. Le mérite exclusif de cet Opéra est de paraître toujours nouveau à celui qui l'a déjà entendu, et d'exciter la même surprise qu'on a éprouvée aux premières représentations. Toutefois en rehaussant le talent et l'excellence de ce grand Compositeur, je ne dois pas dissimuler un défaut majeur qu'on remarque chez lui, celui de tomber quelquefois dans le style *buffon* en écrivant un Opéra sérieux , ce dont ses ouvrages ne donnent que trop de preuves. Outre ce défaut de goût qui lui est particulier, on découvre encore quelquefois dans ses compositions des taches qui en altèrent les beautés ; taches qu'on retrouve aussi dans les compositions de plusieurs Auteurs ses contemporains , et qu'il faut signaler, d'autant plus que c'est moins à eux qu'elles doivent être imputées qu'aux Poëtes qui sont venus après *Métastase* , ou aux Chanteurs, ou aux vices qui commençaient déjà à s'introduire sur la Scène. Mais ce n'est pas ici la place d'en parler, ce sera l'objet de la seconde partie de mon Ouvrage où je dois traiter des défauts qui ont altéré le goût, corrompu l'Art Musical, et des causes qui les ont amenés.

Il y a un autre Compositeur encore vivant et que je ne peux m'empêcher de citer, parce qu'il a illustré l'Art, c'est *Asioli*, Maître de Chapelle actuellement attaché au service de S. A. I. le Vice-Roi d'Italie, et aussi parce qu'il s'est fait connaître par des compositions de Théâtre et d'Eglise. Ce Maître a démontré que la Musique moderne a des modes propres à exprimer tous les genres de Poésie, puisqu'on trouve mis en Musique par lui, des *Sonnets*, des *Chansons*, des *Odes Saphiques*, des *Octaves*, dont la composition d'ailleurs prouve à quel degré d'excellence et de perfection est arrivé chez nous l'Art Musical. De tout cela on peut affirmer généralement, par rapport au mérite des Compositeurs dont nous avons parlé avec éloge, qu'ils ont employé avec sagesse la richesse de l'Art, en la faisant servir selon les tems et les lieux, avec l'économie nécessaire, pour que notre Harmonie ne contraste pas trop désavantageusement avec la Mélodie des Anciens. C'est à ce sujet que *Marcello* que nous avons déjà cité, dit « Que si les voix discordantes ou les *sons* « désagréables qui frappent l'air avec dureté, « offensent l'oreille, ils la flattent agréable-

« ment, lorsque les mêmes sons s'adoucissent
« et se font entendre dans des rapports par-
« faits ». Bientôt après en parlant de la
Grèce. « Il n'y a pas de doute (ajoute-t-il)
« que depuis ces heureux tems on ait pu en-
« core s'émouvoir quelquefois, et qu'on l'ait
« fait sans doute, plutôt par l'effet de la
« Mélodie que par celui d'une Harmonie
« bruyante. D'où il paraît démontré, qu'en
« supposant toutefois, dans quelqu'un qui
« écoute, sans être affecté de sentimens exces-
« sifs, ou de fortes passions, la même disposi-
« tion à entendre et à se trouver ému, s'il
« recherche la meilleure cause et qu'il en fasse
« un usage fréquent, il en doit résulter le
« meilleur effet (1) ». Ce serait ne pas dire
toute la vérité et manquer le but de ma Dissertation, si j'allais plus avant sans parler avec
l'éloge qu'ils méritent, des trois Maîtres qui
brillent aujourd'hui sur notre horizon musical,
Paër, Mayer (2) et *Cherubini*. Quoique d'un
très-grand mérite, ces Compositeurs ne sont

______

(1) *Marcello* Préf. Pseaumes, t. 1, page 5.

(2) Quoique né en Bohème, *Mayer* peut être con-
sidéré comme Italien, parce qu'étant venu en Italie
dès son enfance, il y a fait ses études musicales,
et étudié le *Contre-point* sous le Maître de Chapelle

pourtant pas à l'abri d'une critique raison-
nable, au moyen de laquelle on peut observer
que le désir trop fréquent qu'on remarque
en eux de se rendre singuliers en voulant toujours ajouter à l'Art et raffiner, les a portés
à chercher souvent l'éclat dans une pompe
excessive d'instrumens, sans qu'on puisse les
disculper en jetant le tort sur l'incapacité des
Chanteurs; cette raison ne pourrait être ad-
mise, un défaut ne pouvant se justifier par
un autre. Cependant ces Maîtres, sous le
rapport des connaissances de l'Art et de leurs
lumières, ne doivent pas être confondus avec
la troupe méprisable de ces ignorans qui,
soit par défaut de talens, soit par paresse
ou insouciance, ont donné lieu à tous les
vices qui infestent notre Art, comme nous
le verrons plus au long dans la seconde
partie de l'ouvrage.

En suivant le plan que je me suis tracé,
et après avoir traité jusqu'ici du Drame sérieux, je vais parler de l'*Opera buffa* : j'y
joindrai quelques mots sur les Compositeurs

Bertoni, et parce qu'après un séjour assez long à
Venise, il est passé de-là à *Bergame*, où il est
encore Maître de Chapelle.

de nos jours qui ont écrit pour l'Eglise, et sur ceux qui se sont appliqués exclusivement à la Musique instrumentale.

Et d'abord en parlant de l'*Opera buffa* (1), nous remarquerons que quoiqu'au premier aperçu il semble fournir au Poéte un champ plus vaste ainsi qu'au Maître de Musique, en donnant au premier, plus de ressource dans les caractères populaires qu'il peut traiter : et au Musicien, la facilité de se rapprocher d'un langage plus naturel, plus familier, il n'y a cependant que peu d'années que ce genre dramatique s'est réellement amélioré. C'est ce qu'on voit en réfléchissant sur la manière de composer de nos Anciens. Chez eux les caractères étaient toujours manqués, hors de nature, par l'usage où ils étaient d'introduire dans tous leurs *Opéra* alternativement, un *Hollandais*, un *Français*, un *Espagnol*, un *Allemand* aussi facilement qu'on mettait dans les Comédies et avec leurs masques, les *Truffaldin*, les *Brighella*, *Pantalon* et le *Docteur*

---

(1) En lisant *Signorelli*, *Hist. des Théâtres*, on pourra y voir toutes les altérations que l'*Opéra buffa* a subies durant la période du siècle dernier; ici nous ne parlons que de l'époque où il a refleuri, c'est-à-dire, vers la fin du siècle qui vient de finir.

Bolognais. La stricte règle du Théâtre était que le Buffon *caricato*, pour être parfait, devait porter une ample perruque; le *Mezzo Carattere* faire toujours le langoureux et le complaisant auprès de la *Prima Donna*, et le *Second* auprès de la Seconde Femme. Un Père sottement imbécille, un Mari jaloux et trompé, ou quelque sottise semblable; voilà les sujets sur lesquels roulait toute la machine de l'*Opera Buffa*. Quant à la marche de la pièce, elle n'était pas moins irrégulière; la texture en était à-peu-près ainsi composée. Tous les Acteurs devaient chanter chacun un air et dans l'ordre assigné par leurs convenances réciproques. Ces Airs qui n'avaient aucun rapport avec la vraisemblance du sujet, amenaient à leur suite des *finales* qui se terminaient eux-mêmes par un mouvement tumultueux qui amenait une bataille, ou un tremblement de terre, ou une tempête. Le ballet fini qui suit le premier acte, on commençait le second. Mais la plupart des spectateurs étaient déjà partis; les Musiciens de l'orchestre déjà fatigués, cherchaient à abréger le spectacle et à le rendre moins intéressant, au lieu de faire le contraire, soit en rendant les Airs plus piquants, soit en donnant plus d'éclat et plus de magnificence à la scène.

Le Poéte, le 1er à qui l'on doit un éloge mérité en ce genre, est *Goldoni*, pour avoir écrit quelques livrets dans un style meilleur que celui d'alors, mais sans avoir eu, pourtant, le courage d'affronter les erreurs de son tems et la force de les corriger entièrement; c'est pourquoi ses *Opera buffe* ne lui auraient pas acquis un droit à l'immortalité que lui ont procuré bien justement ses Comédies qui ont fourni les moyens d'améliorer l'*Opéra buffa moderne*. On peut citer *Casti* comme le seul qui se soit rendu original dans ce genre, autant que *Métastase* l'a été dans le sien; nous en avons la preuve dans les deux pièces *le Roi Théodore* et *la Grotta di Trofonio*. On doit regretter qu'il se soit arrêté là, lorsqu'il aurait pu multiplier le nombre de ses chefs-d'œuvre. Les Poétes qui l'ont suivi se sont attachés à transformer les Comédies de *Goldoni*, celles sur-tout de caractère, en *Opéra buffa*, et à traduire les belles productions de ce genre que nous avons en *français* et en *allemand;* ils ont ainsi réformé les caractères qui sont devenus aussi naturels que dans la Comédie elle-même. L'*Opéra buffa* a été ramené par ee moyen à une forme plus honorable, et les Maîtres de Musique qui ont pu dès-lors travailler sur des Poëmes écrits avec un jugement sain, se sont signalés par leurs compositions : tels sont *Paësiello* (1), *Guglielmi*, *Anfossi* et plus qu'aucun autre *Cimarosa*, formé par la Nature pour réussir aussi merveilleusement qu'il l'a fait dans ce genre; après lui *Paër*, *Mayer* et *Cherubini* ont aussi fait connaître la force de leur génie; *la Griselda* composé par le premier, *l'Elisa* par le second, et *les Deux Journées* par le troisième, suffisent seuls pour les couvrir de gloire. Il y a quelques années que sur l'avis de la *Strinasacchi*, Chanteuse admirable et Actrice digne de la couronne qui lui a été décernée à *Paris*, on avait arrêté de ne faire plus qu'un acte des deux du même *Opéra*, en lui donnant le nom de *Farce*. On en avait éprouvé un grand avantage, celui de

––––––––––

(1) *Paësiello* dans son Opéra *la Nina* qui contient des beautés inimitables de Musique, a proposé une méthode de réforme pour le Théâtre, d'ôter les récitatifs chantés pour y substituer les parties interlocutoires dans la forme commune de la Comédie, laquelle méthode appliquée au Drame sérieux le réduirait à la forme de la Tragédie.

ne pas voir l'action interrompue par le Ballet, comme dans l'*Opéra sérieux*. En effet dans l'*Opéra buffa* le Ballet ainsi placé entre les deux actes rompt l'unité de la représentation et choque évidemment le bon sens. Il en est résulté encore un autre avantage plus grand et qu'il faut remarquer; c'est que l'action qui est plus vive et plus animée, prévient l'ennui et le sommeil du Spectateur, dont l'attention est soutenue d'ailleurs par la variété des tableaux qui se succèdent avec plus de rapidité. Toutes ces pièces aujourd'hui, tant ces *Opéra buffa* que les *Farces*, ne sont pas, il s'en faut, exemptes de défauts essentiels qui s'y sont introduits insensiblement et dont nous parlerons en son lieu.

Si après avoir parlé si longuement du style actuel de l'Opéra, nous passons à l'examen de la Musique des Auteurs classiques existans et qui ont écrit pour l'Eglise, on pourra s'assurer aisément que leur Musique comparée à l'ancienne qu'on a purgée peu-à-peu de ses défauts, était parvenue à sa perfection.

La Musique ancienne, en effet, ne consistait que dans une étude continuelle de *contre-point*, sans invention, défectueuse par rapport à la partie instrumentale; ce qui la rendait monotone et insipide à l'oreille. En Italie, elle commença à s'embellir sous *Pergolese, Leo, Feo, Durante, Porpora*, et elle acquit plus de caractère encore sous *Martini, Jomella, Valotti, Buranello*, etc. dont la Musique éveille l'admiration des Savans et plaît également à ceux qui ont des connaissances dans l'Art et aux ignorans. Entre les Ecrivains vivans qui font époque dans ce genre, je pourrais indiquer *Zanotti*, Maître de Chapelle de l'Eglise de *S.*te*-Pétronille* à *Bologne, Bertoni*, de *S.*t*-Marc* à *Venise, Fortunati*, à *Parme*, l'*Abbé Marianni*, Maître de la Chapelle de *Savone* (1), *Sabbatini*, celui de la Chapelle de *S.t-Antoine* à *Padoue*, aussi grand Musicien exécutant que savant théoricien. Je pourrais citer également un disciple de *Martini*, et dont ce Maître célèbre faisait un cas particulier, ainsi qu'il l'a écrit de sa propre main dans différens Mémoires qu'il a laissés, et parler de l'enthousiasme qu'excitent ses compositions, rappeler les applaudissemens qu'ont remportés les productions de son noble génie qui a brillé dans chaque genre de Musique et qui continue de briller encore,

____

(1) Il y est mort, il y a quelques années.

en faisant honneur à son pays et au service
de la Cathédrale dont il se trouve avoir la
direction, s'il n'était pas interdit à un frère
de faire l'éloge de son frère, et si les savantes Dissertations d'ailleurs si connues, du
P. Sacchi de *Milan*, comme aussi l'ouvrage
récent, *Tableau de la Haute Italie*, du
célèbre *Abbé Denina* (1) ne proclamaient
hautement son mérite. Mais je m'en dédom-
magerai en faisant connaître celui du digne
successeur de *Martini*, du *P. Mattei*, homme
unique pour tout ce qui constitue un Maître
habile. C'est lui qui a trouvé le secret de
rendre les fugues supportables jusqu'au point
de plaire, en y introduisant des sujets gracieux, et contre-sujets qui formaient ensemble
d'agréables concerts. La nouveauté des modulations, la simplicité du chant, la vivacité
qu'il savait mettre dans les instrumens (2),
la science profonde, sont les caractères qui
l'ont mis au-dessus des Maîtres de l'Art ; et

---

(1) Edition de *Paris*, de l'Imp. de *L. Fantin*, pag. 258.

(2) Les Maîtres de *Bologne* péchaient par l'étude de
l'orchestre ; aussi quelqu'exactitude de principes qu'ils
missent dans la composition de leurs parties chantantes
elles faisaient peu d'effets avec les instrumens.

Bologne elle-même nous est garant de l'orgueil qu'elle éprouve à posséder en lui un des premiers génies de l'Italie. On peut conclure de tout ce que dessus, même par rapport à la Musique d'Eglise, qu'elle a été toujours en se perfectionnant jusqu'à l'emporter sur l'ancienne. Mais nous regrettons d'être obligés d'avouer que dans son état actuel et spécialement la Musique avec orchestre, laisse apercevoir quelques défauts notables que nous indiquerons ailleurs, ayant à nous occuper ici de la Musique instrumentale.

Il est constant que ce genre n'étant qu'une imitation de la Musique vocale, n'a pu se repolir que sur elle et en prendre ses couleurs et ses agrémens. Quoiqu'à dire vrai, la Musique instrumentale soit par elle-même moins parfaite que la vocale, en ce qu'elle n'est pas susceptible de l'expression des affections particulières de l'ame, et par conséquent de réagir sur nos sens avec la même efficacité, la même énergie, cependant, on ne saurait nier que ce genre de Musique soit arrivé au plus haut point de perfection dont elle est capable, et c'est par leur mérite et avec raison, que plusieurs Compositeurs y ont acquis un nom distingué, tels, par exemple, que *Bocche-*

rini si connu et qui a su plaire autant qu'il l'a fait par tous ses ouvrages, *trio*, *quatuor*, *quintetti*, *symphonies* ; *Pugnani*, *Viotti*, *Rolla*, *Ferrari*, *Blangini*, tous Piémontais qui se sont signalés si éminemment, ainsi que *Capuzzi* de *Brescia*, *Rutini* de *Florence*, *Gherardeschi* de *Pise*, tous Compositeurs renommés. *Clementi* le Romain a été plus loin ; il a voulu non-seulement égaler, mais même surpasser les Auteurs de notre Musique instrumentale et ceux des autres Nations ; et en effet celle qu'il a écrite pour le *Piano forte* a reçu sous la main d'un Artiste aussi habile, des beautés nouvelles et étrangères. Au caractère de grandeur de noblesse qu'on voit dominer dans son style, il a su mêler un naturel admirable, une unité de conduite ingénieuse, une *Mélodie* enchanteresse, des passages de main surprenans, des traits piquans d'imagination qui sont les prérogatives d'un génie créateur, fécond, rapide, sans bornes et reconnu pour tel par toutes les Nations éclairées de l'Europe. Il est parvenu à procurer à son auditoire tout le plaisir qu'est susceptible de donner la puissance de la Musique instrumentale. Il a la gloire d'avoir dirigé les joueurs de Clavecin vers la délicatesse la plus exquise d'exécution.

Mais je m'arrête sur ce point, comme je me dispense aussi de parler des écoliers très-habiles qu'il a faits en Angleterre, parce que me voici arrivé à la seconde Partie de ma Dissertation, dans laquelle j'examinerai les défauts qui se sont insensiblement introduits dans la Musique, qui l'ont d'abord dénaturée, et l'ont fait ensuite tomber de ce haut degré de perfection où nous venons de voir qu'elle avait été portée.

SECONDE PARTIE.

LES observations que j'ai faites jusqu'ici sur l'état présent de la Musique en Italie, auront servi à prouver jusqu'à l'évidence que depuis l'époque d'où nous l'avons fait partir jusqu'à celle où nous sommes, l'Art est allé toujours croissant vers la plus grande perfection où il est arrivé. Mais il est dans la nature des choses humaines de retomber lorsqu'elles ont atteint leur plus haut degré de gloire ; et nous craignons bien que ce ne soit là le sort qui attend la Musique. Et pour justifier nos appréhensions sur ce point, nous allons examiner avec une impartialité philosophique les trois causes que nous croyons avoir amené la ruine de l'Art, et qui sont, *la corruption de la Poésie Dramatique, l'ignorance des Chanteurs, et l'abus que les Maîtres de Musique eux-mêmes ont fait de la richesse de leur art.* Ce n'est déjà pas une chose de peu d'importance que de présenter des considérations exactes et qui méritent quelque attention, puisque la matière exigerait même toute celle d'un bon

Gouvernement. Nous lisons en effet, que la Musique a mérité dans tous les tems, la sollicitude de ceux qui président aux destinées des Nations qui ont mis le plus de soin à éloigner d'elles la corruption, parce qu'ils ont reconnu toute l'influence et le pouvoir qu'elle a sur les mœurs des citoyens. Car de même qu'elle peut éveiller dans les ames un noble essor vers la vertu, elle y peut exciter aussi les germes des vices et des passions déréglées. C'est là l'esprit de tous ces règlemens si sages, adoptés par les républiques grècques sur la conservation et l'honneur de la Musique, quand au contraire il y a eu des peuples assez ignorans pour la bannir de leurs cités, en regardant la Musique comme la cause de la corruption des mœurs. Ces derniers auraient dû imiter plutôt l'exemple de l'Empereur de la Chine *Ngaiti* qui en avait seulement ordonné la réforme, après avoir reconnu que la dépravation de la Morale ne provenait pas de l'Art, mais de ceux qui le cultivaient.

Toutefois nous allons parler séparément de chacune de ces trois causes, en commençant par la *Poésie*, que nous examinerons à l'aide d'une critique toujours éclairée. La Poésie de nos jours, celle au moins qui regarde

plus immédiatement le Théâtre, semble a-
voir perdu de sa noblesse, parce qu'elle a
perdu de vue l'objet qu'elle devrait toujours
se proposer. Au lieu d'ê re grave, de s'élever, de prendre de la dignité, d'être en état
d'exciter les nobles, les vertueuses affections
de l'ame, elle ne fait que réveiller les passions qui énervent, qui déshonorent, parce
que les Poétes considèrent comme une de
leurs obligations de suivre le torrent des
vices et de seconder le déréglement des inclinations du peuple, qu'ils regardent comme
le moyen le plus sûr d'emporter les applaudissemens, l'unique objet de leur ambition.
Dans le cas où l'on mettrait en vigueur en
Italie la loi existante à *Athènes*, qui au
rapport d'*Aristophane* condamnait à l'amende
et au fouet, le Musicien (et sous ce nom
on comprenait aussi le Poéte) qui avait
altéré le mérite de son Art par des chants
lascifs et efféminés, que de coupables on
verrait aujourd'hui condamnés et punis, qui
ne le sont que par les sifflets et les railleries
du Parnasse ! Si, suivant *Plutarque*, la Musique, chez les Anciens, formait une partie
essentielle de l'éducation publique; si *Platon*
dans ses lois divines, l'indique comme le

D

seul moyen propre à inspirer aux jeunes-
gens l'aversion des plaisirs déshonnêtes , la
raison en est que la Musique unie à la Poésie
imprime les maximes d'une saine morale ,
l'amour de la vertu et le respect pour la
religion. Il est à propos de rappeler la méthode d'éducation qu'avaient coutume de
suivre les Anciens et dont *Platon* nous ga-
rantit la vérité (1). « Quelle est donc, *dit-*
« *il*, la discipline la plus salutaire ? Ne sera-t-il
« pas peut - être difficile d'en imaginer une
« meilleure que celle qui a été pratiquée
« pendant si long-tems? L'une est la *Gym-*
« *nastique* qui comprend les exercices du
« corps , l'autre est la *Musique* et se rap-
« porte toute entière à l'esprit. Dans cette
« méthode , on commençait par la Musique ;
« ce qui s'entendait du sujet et des paroles
« ou de la Poésie. Cette dernière se divisait
« en deux espèces , la Poésie réelle qui
« traitait les faits historiques , et la Poésie
« d'invention. On employait l'une et l'autre,
« mais d'abord celle d'invention. La Fable
« en devait être bien traitée, dans la crainte
« que si les esprits des jeunes-gens venaient

______

(1) *Plat.* de Rep. lib. 2.

« à être gâtés de bonne heure par des récits
« indécens, on ne fût obligé, ce qui est
« toujours difficile dans un âge plus avancé,
« de travailler à effacer ces premières im-
« pressions ».

Telle était la nature de la Poésie et en
même-tems celle de la Musique chez les
Anciens, qui les regardaient, non pas comme
font les Modernes, non-seulement comme
une branche de simple culture, ou comme
un objet d'agrément, mais qu'ils considéraient
comme la base de l'éducation et la règle
des bonnes mœurs. Quelle merveille ne se-
rait-ce pas, si l'Art tel qu'il est aujourd'hui,
pouvait arriver à produire encore ces effets
étonnans que les histoires nous racontent et
qui nous paraissent n'être que des conceptions
de l'imagination brûlante des Grecs ? Il est
toutefois bien certain que la Musique a toujours été associée à la Poésie; car autrement
il n'eût pas été possible à la Mélodie seule
d'obtenir une aussi grande influence (1). Il
est vrai que dans la Grèce même, lorsque

---

(1) *Montesquieu*, liv. 4, chap. 8, *de l'esprit des
Lois*, s'attache à faire connaître les motifs qui ont
porté les Grecs à considérer la Musique comme un

la corruption des mœurs eut commencé d'attaquer la Nation toute entière , les deux Arts s'étant séparés , la Poésie et la Musique perdirent la majeure partie de leur pouvoir : ils ne devinrent plus, l'un et l'autre, qu'un objet de plaisir et de récréation. Des esprits phi-

---

objet politique , une raison d'état , et non pas seulement comme un simple et pur amusement. « Il faut, dit-il ; « regarder les Grecs comme une Société d'athlètes « et de combattans. Or ces exercices, si propres à « faire de gens durs et sauvages , avaient besoin d'être « tempérés par d'autres, qui pussent adoucir les mœurs. « La Musique, qui tient à l'esprit par les organes du « corps , était très-propre à cela.» Un peu plus loin il ajoute : « On ne peut pas dire que la Musique ins- « pirât la vertu, cela serait inconcevable, mais elle « empêchait l'effet de la férocité de l'institution, etc.». S'il parle de la Musique séparée de la Poésie, nous convenons que seule, elle ne peut pas inspirer directement la vertu. Mais dans les premiers tems, la Musique, comme nous l'avons vu, était toujours unie à la Poésie, et c'est ainsi qu'elle a pu avoir assez de puissance pour réunir les hommes en société, et civiliser les premiers peuples sauvages de la Grèce. Il me semble donc que *Montesquieu* aurait dû distinguer ces deux époques dans l'histoire de la Musique : la première dans laquelle elle se trouvait unie à la Poésie, la seconde où , commençant à se corrompre, elle en fut séparée, et ne devint plus qu'un objet d'amusement. C'est ce losophes surent observer alors que la corruption de la Musique marchait de pair avec celle des mœurs qu'elle amenait après elle, et que l'une malheureusement ne servait qu'à

---

qu'*Horace* a voulu peindre par ses beaux vers que *Métastase* a si bien traduits :

Silvestres homines sacer, interpresque Deorum
Caedibus, et victu foedo deterruit Orpheus :
Dictus ob hoc lenire tigres, rabidosque leones.
Dictus et Amphion Thebanae conditor arcis
Saxa movere sono testudinis, et prece blanda
Ducere quo vellet. Fuit haec sapientia quondam,
Publica privatis secernere, sacra profanis,
Concubitu prohibere vago, dare jura maritis,
Oppida moliri, Leges incidere ligno.
Sic honor et nomen divinis Vatibus atque
Carminibus venit. Post hos insignis Homerus,
Tyrtaeusque mares animos in martia bella
Versibus exacuit; dictae per carmina sortes;
Et vitae monstrata via est; et gratia Regum
Pieriis tentata modis; ludusque repertus,
Et longorum operum finis. Ne forte pudori
Sit tibi Musa lyrae solers, et cantor Apollo.

Pensa, o Pison, che il sacro Orfeo, de' Numi
Interprete fedel, pose primiero
Agli uomini in orror, selvaggi allora,
Le stragi alterne e la ferina vita.

assurer mieux la décadence de l'autre ; tandis que dans un sens tout contraire, la Musique à *Sparte*, par l'effet de ses lois sévères et rigoureuses, avait été maintenue dans

---

Onde fu detto poi ch' ei delle belve
Mansuéfar la ferità sapesse.
Così pur d'Anfion, perchè di Tebe
Le mura edificò, disser che a' sassi
Diè moto, a suon di cetra, e lor seguaci,
Con dolci accenti, a suo piacer condusse.
Che del saper d'allora eran gli oggetti,
Fra la privata e pubblica ragione
Metter confine: dalle profane cose
Le sacre separar: vietar le incerte
Confuse nozze: a' maritali letti
Prescriver norme: edificar cittadi:
Leggi incider ne' tronchi. E quindi i Vati
Ebbero, e i versi lor, divini onori.
Poi co' carmi inspirar guerriero ardire
Seppe Omero e Tirteo: reser ne' carmi,
Per gli oracoli lor, risposta i Numi.
In dotti carmi altri scoprì le arcane
Vie di Natura, onde ogni cosa ha vita.
Seppe assalir la melodia de' carmi
Il cor de' Regi, e con gli scherzi suoi
Seppe addolcir delle lungh' opre il fine.
Tutto ciò dei pensar, perchè a vergogna
Non ti recassi mai la lira, il canto,
Il commercio d'Apollo e delle Muse.

toute sa pureté , ainsi que les mœurs de la République guerrière, à travers la révolution des siècles. Mais pour bien connaître toute la force de l'influence réciproque de la Musique et de la Poésie sur les mœurs, et de celle des mœurs sur la Musique et la Poésie, écoutons ce qu'en a dit le divin *Platon* (1) « Le peuple d'A-
« thènes dans les premiers tems non-seule-
« ment ne contrevenait point aux lois, mais
« il s'y soumettait de bon gré. J'entends de
« ces lois qui concernent la Musique; car la
« Musique alors était divisée en plusieurs
« genres distincts; il y en avait un pour les
« *prières* et pour les *chants divins*; on le
« désignait par le nom de *Inni* (2): un autre
« était *plaintif* ou *pathétique* ; un 3.ᵉ, *le*
« *Pean* , était le chant de triomphe; le 4.ᵉ,
« *le Dithyrambe;* et le 5.ᵉ était consacré à
« chanter les lois ou les proverbes (3). Dans
« ces sujets ou dans tous autres, il n'était
« pas permis d'employer arbitrairement un
« genre quelconque de *Mélodie* , chacun
« ayant le sien particulier et déterminé. Le

---

(1) *Plat.* De leg. liv. 3.

(2) D'où, peut-être, est venu le mot sacré *Hymne.*

N. du Tr.

(3) On entendait par-là *la Morale.*   Idem.

« droit d'en décider et de condamner la
« Musique en cas de désobéissance, n'était
« pas, comme aujourd'hui, confié aux sifflets
« et aux mouvemens du peuple à qui on ne
« permettait pas même la liberté des applau-
« dissemens excessifs. Ce jugement était ré-
« servé à des personnages distingués par le
« savoir et la sagesse, et c'est pour cela
« qu'on observait le plus grand silence et
« que le public était tenu d'écouter la pièce
« jusqu'à la fin. Les jeunes-gens, leurs gou-
« verneurs, et l'auditoire tout entier, obéis-
« saient aux coups d'une petite baguette.
« Tant que ce bon ordre fut maintenu, la
« multitude s'y soumettait d'elle-même et
« volontairement, et n'osait pas décider dans
« le tumulte. Mais plus tard, ce furent les
« Poétes eux-mêmes qui amenèrent les chan-
« gemens qui se sont malheureusement in-
« troduits depuis dans la Musique : avec du
« talent et d'esprit, dont ils ne manquaient
« pas cependant, ils ne faisaient pas as-
« sez de cas de ce qui était juste et légi-
« time : ils donnèrent dans l'extraordinaire
« et se laissèrent aller trop facilement au
« torrent du plaisir et du caprice. C'est
« ainsi que les divers genres furent confon-

« dus sous le faux raisonnement : que le
« goût seul et le plaisir du premier-venu,
« honnête ou non, instruit ou ignorant, de-
« vint la seule règle du jugement dans la
« Musique. Les Compositeurs écrivirent tous
« leurs Poëmes sur le même principe, et
« rendirent par-là la populace si effrénée,
« si insolente contre la Musique établie,
« qu'elle ne tarda pas à s'arroger le droit
« de prononcer définitivement dans cette
« matière. On vit au Théâtre, succéder le
« bruit là, où régnait auparavant le silence ;
« et avec lui le privilège de juger passa des
« mains des Administrateurs de l'état dans
« celles de la plus vile canaille. Encore si
« cette liberté fût tombée au pouvoir des
« personnes les plus instruites de la Cité,
« il en eût résulté un moindre mal ; mais
« depuis ce changement dans la Musique,
« et à l'époque où nous sommes, il en est
« résulté une licence universelle d'opinion,
« qui fait qu'on n'obéit plus aux Magistrats,
« qu'on ne fait plus de cas des préceptes
« des pères, et qu'on méprise les sages con-
« seils des vieillards ; et en marchant ainsi
« à grands pas vers l'excès de la corruption,
« on refuse l'obéissance aux lois, et pour

« comble de notre iniquité, nous voyons se
« perdre parmi nous, jusqu'au sentiment de
« toute espèce de religion et de bonne foi. »
Ce qui était arrivé si malheureusement en
Grèce, arriva aussi à *Rome*, lorsque la Musique et la Poésie servirent à favoriser les
inclinations déréglées du cœur humain, et
ce fut alors que ces deux Arts auxquels des
hommes graves et instruits s'étaient appliqués, furent condamnés comme nuisibles et
dangereux à la prospérité de l'État. *Turpe est
senem versus scribere.* Voici comment s'expri-
mait *Quintilien*, le prince des Rhéteurs : « La
« Musique efféminée, langoureuse et indé-
« cente, contribue puissamment à détruire le
« caractère de l'homme » (1). En effet, personne ne nie, à moins de n'avoir pas le sens
commun, que la Poésie déjà corrompue,
jointe à la Musique, puisse produire des
dommages très-graves, si l'on veut réfléchir que
son seul, son véritable emploi, est d'ajouter
plus de force à l'expression poétique, tout
en la revêtissant de ses plus brillantes couleurs. Or, si l'une ou l'autre prise séparément, peut causer tant de mal et répandre

____

(1) Institut. liv. r.

(59)

ainsi abondamment le poison, que ne pour-
ront-elles pas avec leurs forces réunies, pour
peu qu'elles veuillent se prêter un secours
mutuel? *Arteaga*, dans son Ouvrage des
révolutions du Théâtre musical en Italie,
nous fait voir combien la Poésie théâtrale a
ensuite perdu de son mérite. « Le plus dé-
« licieux d'entre les arts d'imitation, *dit-il*,
« ne pouvant plus s'appliquer aux grands
« objets de la morale, de la législation et
« de la politique, comme il l'était chez les
« *Grecs* ; et ne se trouvant déjà plus animé
« par cet esprit de vie qu'avaient su lui
« donner le *Dante*, *Pétrarque*, le *Tasse*,
« l'*Arioste* et *Métastase*, on voit aujourd'hui
« la pauvre Poésie réduite à servir de simple
« convenance, de compliment insignifiant
« pour la plus légère occasion ».

Et ensuite « De tous les genres de Poé-
« sie, il n'y en a pas de plus négligé, de
« plus méprisé que le *Drame musical*. C'est,
« en effet, une chose étonnante que la con-
« tradiction des Italiens sur ce point. Car,
« tandis qu'ils se plaisent au spectacle, qu'ils
« se vantent d'être ses heureux partisans et
« les soutiens qui l'ont élevé à la plus grande
« perfection possible, qu'ils se montrent si

« pleins d'enthousiasme pour tout ce qui
« tient à la Musique, ils laissent là la partie
« poétique qui est la première source de
« l'expression du chant et de la raison de
« l'ensemble, et la voient avec indifférence
« tomber honteusement dans un état pire
« que plus méchante prose, dans un état
« où ni le Théâtre ne conserve ses droits,
« ni la langue ses privilèges ; où la Musique
« ne trouve ni tableau à rendre, ni rythme
« à suivre ; où la raison ne découvre aucune
« connexion entre les parties et le bon sens,
« aucun intérêt pris dans les passions; dans
« un état enfin, qui insulte à chaque pas à
« la patience du spectateur qui assiste à la
« pièce, et au goût de celui qui la lit ».

Et en effet, non-seulement la Poésie théâtrale est défectueuse en ce qu'elle alimente les
sentimens trop tendres, trop affectés, mais
elle a bien d'autres défauts particuliers qui
ne lui laissent plus que le nom de Poésie
sans en posséder davantage les qualités es-
sentielles; et lorsqu'elle devrait être, comme
le dit *Horace*, *ut pictura poësis*, elle manque
d'imagination, n'a plus guères de mouvemens
poétiques : ne sait plus parler le langage des
passions, ayant perdu, pour ainsi dire, la

puissance d'émouvoir , d'ébranler , de trans-
porter. Elle est encore défectueuse quant
au génie de la langue et au rythme musical. Chacun sait que les mots de l'idiome
italien ne peuvent pas servir tous également
à la Musique. L'auteur de la *Critique litté-
raire* (1) déclare que de 44000 et plus de
mots radicaux, à peine y en a-t-il 6 ou 7000
qui puissent s'adapter aux modes musicaux.
Nous en avons la preuve dans *Métastase ,*
qui s'est vu lui-même forcé d'adopter cette
opinion dans ses ouvrages. Tous ces désordres
proviennent de ce que les Poétes, au té-
moignage de ce célèbre disciple de *Gra-
vina ,* se sont écartés du plan qu'il leur avait
tracé , en réduisant le *Mélodrame* à une
suite de tableaux décousus, sans liaison entre
eux , ainsi qu'on le voit dans les ouvrages
de *Calzabigi* et du Comte *Rezzonico ;* aussi
le *Drame* qui sous *Apostolo Zeno* marchait
gravement et avec dignité, et qui avait
reçu par le génie du divin *Métastase ,* la
vie , la chaleur, la gaieté , les formes a-
gréables , toute la grâce de ses ornemens ,
qui avait enfin goûté de cette perfection que

______

(1) *Frusta letteraria* de M. *Baretti.* Note du Tr.

Sophocle et *Euripide* donnèrent jadis à leurs tragédies, est retombé, depuis plusieurs siècles, presque dans son enfance, pour ne pas dire plutôt, dans une vieillesse décrépite. C'est encore ce qu'on lit dans les observations d'*Arteaga* que j'ai déjà cité et dont ci-après un nouvel extrait. « Les Poétes, *dit-il*, n'ayant « pas su imiter *Métastase* dans la variété « de ses caractères, dans l'élégance du style, « dans le choix des sujets, dans la peinture « du cœur humain, ont cru pouvoir sup- « pléer aux beautés principales par d'autres « accessoires, comme des décorations, l'em- « ploi des personnages muets, des chœurs « sans fin, une richesse de costumes, des « changemens de scènes, etc.: on ne s'aper- « çoit que trop que ce sont ces fausses « maximes adoptées aujourd'hui, qui ont « amené le *Mélodrame* à l'état de décadence « où on le voit tomber chaque jour depuis « qu'on a substitué à la vraisemblance un « faux merveilleux qui n'est autre chose que « l'art d'éblouir aux dépens de la Musique. « Les Poétes les meilleurs qui suivirent *Mé-* « *tastase*, n'ont cherché qu'à frapper l'oreille « et l'imagination ; les uns sont restés sur « les traces du Poéte *Lauréat* sans savoir

« l'imiter , et les autres en imitant le *Mé-*
« *lodrame* français ». On peut ajouter à tout
cela que la paresse des derniers Poétes a
été aussi une des causes premières de cette
corruption du système dramatique qui actuellement les tourmente et les oblige à
laisser leur travail brut et imparfait, comme
s'ils devaient dépendre honteusement de ceux-
là même à qui ils auraient dû servir de règle
et de guide. Le Poéte aujourd'hui , au lieu
d'être le chef principal , le conducteur , le
guide du Compositeur et des Acteurs , est à
la merci des caprices de chacun d'eux. Le plus
souvent un mois avant l'époque de l'ouverture
du Théâtre, on ne connaît encore pas les
Chanteurs, et l'on n'a pas même le sujet du
Poëme. Qui croit-on qui doive l'indiquer ?
C'est l'Entrepreneur, qui est pour l'ordinaire
un homme vénal , ignorant, qui sacrifie tout
à un sordide intérêt , qui ne peut suggérer
que des sujets propres à exciter la colère
des filles de l'*Hélicon* qui, de leur côté, ré-
pondent de mauvaise grâce aux vœux du
patron barbare qui les invoque, et lui re-
fusent l'enthousiasme, principe vivifiant de
cette belle Poésie qui dédaigne et méprise
la contrainte et l'esclavage. Un Opéra com-

posé sous de pareils auspices ne peut pas
plus réussir que ne le ferait une étoffe tissue
de diverses couleurs, sans plan, sans ordonnance, sans conduite; ou un tableau sans
chaleur, sans vivacité, sans dessin, composé
à la manière chinoise, de simples couleurs
jetées sur la toile au hasard et sans discer-
nement.

On desirerait, peut-être, que je fisse ici l'a-
nalyse des drames modernes, pour mieux faire
connaître les défauts que nous venons d'indiquer; mais des Critiques plus habiles que moi
ont déjà rempli cette tâche, et je ne pourrais que répéter ce qu'ils ont dit à ce sujet.
Cependant je ne me dispenserai pas d'observer
qu'un Poëme pareil déjà assez mauvais par lui-
même, le devient davantage encore par l'impé-
ritie de ceux à qui l'action en est confiée, qui
tous péchent, par les premières conditions
requises, pour représenter dignement avec le
geste et le chant les pensées du Poéte; ce
qui nous amène à parler des Chanteurs,
deuxième cause qui influe si essentiellement
sur la décadence de la Musique.

Celui qui se consacre à l'art du chant,
s'il veut devenir un excellent Chanteur, doit
nécessairement s'appliquer non-seulement à

l'étude de la Musique , mais à celle de la Poésie, en tant qu'il est obligé de savoir bien marquer les accens de sa langue ; il faut encore qu'il s'applique avec soin à l'action théâtrale , sans laquelle on ne peut peindre vivement et rendre au vrai les affections de l'ame. Il y a eu dans les deux derniers siècles beaucoup de ces Chanteurs habiles qui ont réuni toutes ces qualités, et c'étaient des élèves formés dans les divers établissemens publics d'Académies, d'écoles de chant, de Conservatoires dont ils ne sortaient, comme nous l'avons observé dans la première partie, que pour aller briller par toute l'Italie. Ces établissemens sont tombés peu-à-peu, les uns parce qu'ils ont perdu leurs fondateurs, d'autres, une portion de leurs moyens de subsistance. On a vu naguères plusieurs des Conservatoires de *Venise*, d'où sont sorties tant d'excellentes Chanteuses jusqu'à l'époque des dernières années du Gouvernement Aristocratique , manquer par la mauvaise gestion de leurs Administrateurs. De tous ceux qui existaient à *Naples* , on n'en a plus formé qu'un seul qu'on y voit encore ; on en a établi un autre depuis peu à *Milan* , qu'on doit à la munificence de

E

S. A. I. R. le Vice-Roi d'Italie. Il ne m'appartient pas d'examiner ici, si ces deux établissemens suffiront seuls au besoin de l'Italie: il est certain en général, que moins ils seront nombreux, moins il en sortira de sujets distingués. Ajoutons encore que par suite de la politique des Etats dans ces dernières années, le nombre des Théâtres et des Chapelles ayant été réduit, la carrière de la Musique n'a plus offert à ceux qui la cultivent, cette riante perspective d'une existence aisée et commode qu'elle avait eue. Telles sont les raisons qui ont rendu plus rare le nombre des Chanteurs; et plût à Dieu qu'au moins ceux qu'on voit en faire leur profession, fussent instruits ou apprissent à fond l'art qu'ils veulent enseigner. Mais forcés, par l'économie de leurs moyens domestiques, à se procurer des Maîtres à bon marché, ils n'acquièrent souvent que de fausses notions dans la pratique et dans la théorie; et à peine savent-ils l'*a b c* de la science, qu'ils se croient des professeurs de mérite, et parce qu'ils *chantaillent* quelques airs, ils se regardent et s'estiment comme les émules des *Marchesi* et des *Pacchierotti*. Et quelles sont donc leurs connaissances en Musique? quelle est leur méthode de chant ? Quant au premier, c'est-à-dire, à la connaissance de la Musique, j'observerai que quoique ce soit le point le plus facile (eu égard à l'ensemble de l'Art) que de lire une partie à livre ouvert, j'ai vu très-peu de ces Musiciens capables de le faire avec une juste intonation de voix et avec l'exactitude de la mesure. Cette incapacité chez les Musiciens existait aussi déjà du tems de *François Fontana* qui écrit (1) « qu'on entendait alors « répéter partout en Italie les *Opéra* gravés et « les nouveaux Pseaumes de *Marcello* , parce « qu'on y avait partout la ressource des belles « voix et de bons Chanteurs : (il ajoute « ensuite) *aujourd'hui la chose serait im-* « *possible* ».

Si par *méthode dans le chant* , on doit entendre les ornemens dont on l'accompagne, leur choix et leur emploi mieux raisonné, celui-là aura la meilleure, à qui la Nature plus libérale aura donné fortuitement quelque faculté de plus. C'est en quoi il paraît que les Chanteurs d'aujourd'hui se copient à l'envie l'un de l'autre, pour chanter tous de

____

(1) Vie de *Bened. Marcello.*

même , et que tous , sans exception , font également parade des mêmes passages et des mêmes agrémens qui ou ne signifient rien , ou qui sont mal appliqués; par-là la Musique se trouve défigurée , et le caractère de la passion au lieu d'être exprimé fortement, est manqué. C'est justement ce dont se plaint le savant *Algarotti* (1) qui avait une connaissance si exquise de tout ce qui tient aux Beaux-Arts. « Pour plaire , *dit-il*, il faut que « tout ce que fait un Chanteur pour embel- « lir son Air , soit bien choisi , bien trouvé « et agréable ; qu'il soit amené et placé na- « turellement et avec goût; qu'il soit varié , « sans être répété trop souvent, pour ne pas « défigurer la composition ; que ces agrémens « soient de plus exécutés avec une exactitude « scrupuleuse, parce que devenant son ou- « vrage , le Chanteur passerait pour un igno- « rant s'il ne savait lire son propre caractère ».

Il ne suffit pas que le Musicien soit un habile exécutant, il faut encore qu'il ait la science de son Art ; autrement, comment pourra-t-il comprendre la pensée du Compositeur et faire valoir son ouvrage ? Quand,

______

(1) *Algarotti* sur *l'Opéra*.

au contraire, il possédera bien les principes de son Art, il pourra adapter avec jugement, au caractère de la composition, les divers genres d'agrémens qui lui conviendront le mieux, aussi bien que les inflexions de voix, les *appogiatures*, les *trils*, etc. Si mon expérience pouvait être de quelque poids dans la matière, je pourrais assurer qu'ayant interrogé beaucoup de ces Virtuoses sur la manière de prendre le *tril*, de donner la voix, de respirer, etc., qui sont les premiers rudimens de l'Art, j'en ai vu bien peu qui sussent me répondre à propos. Ces gens-là chantent sans réflexion, ils ouvrent la bouche, il en sort ce qu'il peut; et c'est celui qui a la plus belle voix, ou qui sera le plus bel Acteur, ou qui aura connu le mieux l'adresse des manéges, le jeu de la cabale, qui emportera les applaudissemens; et pour les femmes, celle qui a le plus de succès, c'est toujours celle qui est la plus aimable, la plus enjouée, ou qui aura le plus d'adresse à séduire un plus grand nombre de ces petits-maîtres d'adorateurs et de ces protecteurs empressés qui ont à gages une vile canaille pour multiplier les battemens de mains, quand la nouvelle Déesse armée de la ceinture des

Grâces se présente pour charmer son auditoire.

Si les Chanteurs modernes peuvent être accusés avec raison d'ignorance profonde sur l'art de la Musique qu'ils devraient connaître à fond, c'est bien pis par rapport à la Poésie. Leur parler de la qualité des accens, du mécanisme de l'*Harmonie* poétique avec la nature, des repos nécessaires, c'est parler des couleurs à un aveugle et des sons à des sourds. Ils osent vous dire que ce sont-là de vieilles maximes abandonnées et déjà oubliées. Mais qu'ils apprennent donc à leur honte que les principes qui servent de fondement aux Arts, ont été et sont encore invariablement les mêmes dans tous les tems; qu'ils formeront toujours l'objet de toute l'attention et de l'occupation profonde de celui qui veut y obtenir quelque succès, et qu'en les ignorant, on s'expose à perdre sa propre langue et à ne plus comprendre le sens des paroles; aussi leur arrive-t-il ou de changer la quantité des syllabes, ou de ne point prononcer les finales des mots, souvent de ne pouvoir lier une partie de la période avec l'autre. Ici c'est l'Acteur qui cause familièrement, ou qui se dépêche en courant, celui-ci mache ses paroles entre les dents, celui-là rit ou baille en chantant, l'un qui crie, l'autre qui bégaye : et avec de pareils moyens, quelle est donc la Poésie, quelque noble, quelqu'intéressante qu'elle soit, qui puisse n'être pas défigurée et méconnaissable? Le récitatif qu'on devrait étudier davantage, c'est la partie qu'on néglige le plus, en le laissant courir sous un chant monotone, insupportable, ennuyeux pour les Auditeurs même les plus patiens : c'est, à mon avis, une des causes principales pour laquelle les Drames de *Métastase* n'ont plus aujourd'hui l'effet qu'ils faisaient autrefois sur la Scène. Mais ce qui a nui encore au peu de succès de la Poésie sur le Théâtre, c'est l'ignorance profonde des règles de la gesticulation chez les Acteurs. Beaucoup d'eux semblent ignorer que les Spectateurs ont aussi des yeux, et cependant, ils ne s'attachent uniquement qu'aux oreilles, et restent immobiles sur la Scène comme des statues. S'il en est qui se donnent quelque mouvement, leur geste est dans une discordance continuelle avec l'émotion qu'ils auraient produite s'ils eussent accompagné l'expression de leur chant avec des gestes contraires ; en imitant en cela ce qui se pratiquait chez les Grecs et chez les Romains où l'acteur était obligé d'expliquer par la vérité du geste, ce que la voix ne pouvait pas rendre assez clairement: de faire comprendre par les traits mobiles de son visage, par les attitudes du personnage et les mouvemens de la main, les affections cachées de l'ame, que la Musique, ni le Chant, ni la Poésie, ne sauraient exprimer aussi bien. Dans des situations de plus grande importance et qui demandent de la chaleur, au lieu de prêter attention au personnage qui devrait former leur objet principal, on les voit distraits, lui tourner le dos pendant qu'il parle, pour aller regarder dans les loges, causer avec le souffleur ou dans l'orchestre, avec des amis, avec de belles Dames qui y viennent exprès pour admirer leur mérite, de manière que comme dit encore *Marcello* (1): « Nous « craignons que l'Auditoire, trompé par ces « illusions, ne prenne le Sieur *Alippio For-* « *cone* et la Dame *Cecilia Pelatutti* pour le « *Prince Zoroastre* et la *Reine Culicutidonia.* » Dès son tems, ce prince du Drame Musical se plaignait de cet abus. « Quel que soit

____

(1) *Marcello*, Théâtre à la mode.

« (*dit-il*) le mérite de mon pauvre Drame,
« il n'en acquerra sûrement pas entre les mains
« des Chanteurs du jour qui sont réduits par
« leur faute, à servir d'intermède aux Dan-
« seurs, qui, en s'attribuant l'art de repré-
« senter les sentimens et toutes les actions
« humaines, se sont emparés avec raison, de
« l'attention du peuple que les autres ont si
« justement perdue ; parce que ceux-ci qui
« se contentent d'écorcher les oreilles avec
« une espèce de sonate de gosier qu'on a pla-
« cée dans leurs airs trop souvent ennuyeux,
« laissent aux Danseurs le soin d'occuper
« l'esprit et le cœur des Spectateurs (1) ».
Et ce qui doit étonner, c'est que ces mêmes
Chanteurs, à qui leur emploi assure de si
grandes et si belles prérogatives, font les fiers,
les hautains, s'effarouchent, ont des prétentions et veulent être traités en souverains,
en considérant le Théâtre comme leur propre
palais, et tout ce qui le compose, comme les
esclaves de leur despotisme. Et ce sont ces
sortes de gens-là qui forcent les Poétes à

---

(1) *Métastase* dans une de ses lettres adressées au
Sieur *Xavier Mattei.*

étrangler leurs Drames, et les Compositeurs à défigurer leurs ouvrages.

Au reste, c'est aux *Poétes* d'abord, qu'il faut s'en prendre de ce sot orgueil, en ce qu'ils se laissent arracher des mains l'autorité qui leur appartenait ; ensuite aux *Entrepreneurs* qui dépensent en traitemens donnés aux Musiciens des sommes plus fortes, sans comparaison, que celles dont ils rétribuent le Poéte et le Compositeur. Mais au surplus *les Maîtres de Musique* sont eux-mêmes coupables de cette insolence insupportable des Chanteurs, ainsi que nous allons le voir.

L'espèce d'avilissement dans lequel sont tombés aujourd'hui les Compositeurs de Musique, est bien leur propre ouvrage, en ce qu'ils ont contribué eux-mêmes au déshonneur et à la perte de l'Art dont ils auraient dû être les premiers soutiens ; c'est aussi la 3.e cause qui influe si puissamment sur sa décadence. Des Compositeurs de nos jours, pour se distinguer et viser à l'originalité, s'écartent du très-bon style et des bons modèles. Ce goût excessif de nouveauté qu'on affecte dans les arts d'imagination, est positivement ce qui ébranle le plus la solidité des fondemens qui leur servent d'appui, et ce qui les entraîne sans retour vers leur ruine. Le Beau en tout est dans l'imitation de la simple nature ; si on s'éloigne de ce principe, ou si on le perd de vue, tout est caprice, et l'on ne peut que tomber dans le vicieux et dans l'erreur (1). L'Auteur du Dialogue *De causis corruptae eloquentiae*, et *Tiraboschi* dans sa Dissertation sur les causes de la décadence du goût, viennent

---

(1) Les arts de génie ont des bornes, et celui qui veut trop leur donner s'égare et se perd ; malheur à celui dont le feu de l'imagination n'est excité que par l'ambition aveugle de s'élever par trop d'originalité, lorsqu'il existe tant de sublimes productions de l'esprit humain ! Il prend la route qui conduit à la corruption du goût.

Le Chevalier Cicognara *dans l'éloge de* Palladio.

Le goût est comme un point de mire dont s'écartera celui qui d'une main trop hardie lancerait ses flèches au-dessus du but, ou celui qui d'une main peu assurée frapperait au-dessous. Le prix est pour celui-là seul qui met dans le point du milieu. Il en est de même dans les arts pour celui qui marchant sans guide, s'abandonne aux élans d'une imagination déréglée ; et il est comme un conducteur imprudent qui est emporté par de jeunes chevaux fougueux qu'il ne sait plus gouverner, et qui l'entraînent dans un précipice.

*Discours d'*Ant. Diedo *sur l'enthousiasme.*

à l'appui de mon opinion; car on peut appliquer parfaitement à la Musique tout ce que ces savans Critiques ont observé par rapport à l'Éloquence et à la Poésie. C'est à ce propos que le Cte *Algarotti* a dit dans ses Essais sur les ouvrages dramatiques « qu'il « en est de la Musique comme des instru- « mens de mécanique qui ne sont jamais « plus sujets à se gâter que quand ils sont « compliqués ». L'art de l'*Harmonie* dans le siècle dernier était arrivé au plus haut degré de perfection; tandis que maintenant les Compositeurs avec leur artifice et leur raffinement, n'ont fait qu'en avancer la chûte; et voilà, si je ne me trompe, la principale cause de la corruption qu'on y remarque à présent. Pour peu qu'on ait de goût, on ne peut disconvenir que la plus grande partie de la Musique d'aujourd'hui est loin de ressembler à cette simplicité naturelle qui forme le principal mérite de l'Art, en ce qu'elle est surchargée d'accompagnemens qui étouffent le chant, d'airs qui se détruisent les uns les autres; en ce qu'elle est pleine de licences, embrouillée de notes et vide de choses, tellement qu'on pourrait lui appliquer la maxime d'*Horace : verba , praetereàque nihil*. Tels sont les vices qu'on remarque dans le goût prédominant de la Musique du jour; vices qu'on peut imputer aux Compositeurs eux-mêmes qui n'ont rien des conditions nécessaires qui constituent les grands Maîtres. Pour former un bon Compositeur en Musique, on exige tant de choses et de si grandes qualités, qu'il est très-difficile de les trouver réunies dans un même individu. Il faut d'abord avoir un heureux caractère : être instruit à fond dans la science du *Contre-point* dans toutes ses parties: connaître parfaitement la nature et la propriété des voix et de chaque instrument : avoir de plus une connaissance plus qu'ordinaire des Lettres et sur-tout de la Poésie. Et puisque nous faisons mention du *Contre-point*, je rappellerai que nous avons observé dans la première partie de cette Dissertation, que c'était l'abus qu'on en avait fait, qui avait rendu dans le principe les Compositions barbares, dures et sans imagination; qu'à la faveur ensuite des meilleurs Ecrivains on avait obtenu une Mélodie plus simple, plus belle, au moyen de laquelle on vit revivre la Musique. Nous avons observé successivement que l'excellence de l'École des *Scarlatti*, *Leo*, *Porpora*, etc., à

Naples, ainsi que celles de *Bologne*, de *Venise* et autres d'Italie, avaient produit les *Pergolese*, *Jomella*, *Galuppi*, *Piccini*, *Demajo*, et tous ceux dont le goût épuré sous les savans Maîtres le *P. Martini*, *Feo*, *Marcello*, pour ne pas les nommer tous, nous a appris à faire un bon usage du *Contre-point*. Il en faut conclure que tant que la science du *Contre-point* a été sèche et aride, la Musique qui en provenait était dure et sauvage; que quand on a su le réunir à une Mélodie agréable, la Musique qui s'en est formée, est devenue naturelle, intéressante, mieux appropriée, ayant pour objet la juste, la véritable expression musicale. Il reste donc prouvé qu'il est nécessaire de travailler à améliorer le *Contre-point* au lieu de l'abandonner, comme le pensent à tort plusieurs Maîtres du jour qui le regardent comme inutile au Compositeur et superflu dans la composition; au point que l'étude de l'agréable Mélodie qui promettait à la Musique dans ses premiers essais, des progrès de grandeur et de noblesse, est devenue au contraire un motif puissant pour la séparer de l'art du *Contre-point*. Cependant cette science est à la Musique ce que le dessin est

à la Peinture ; et comme sans un beau dessin et avec les couleurs seules, on ne pourrait
pas faire un beau tableau, sans le *Contre-
point* et avec la seule Mélodie, on ne parvien-
dra pas davantage à composer un morceau
de Musique. C'est cette réunion que possé-
daient si bien les grands Maîtres dont nous
avons parlé plus haut avec éloge, qui les
mettait en état d'écrire non-seulement des
Airs, des *Duo* et autres ouvrages de Théâtre,
mais les *Fugues* les plus travaillées (1), les
Renversemens, les *Canons*, etc., ainsi que
le prouvent leurs Compositions (2). Le *P.
Martini*, en s'adressant à ceux qui de son
tems voulaient répudier le *Contre-point*,
s'exprime ainsi, en parlant de la *Fugue* :

---

(1) Principalis figura apud Musicos Fuga est :

P. Athanas Kircherus Musurg. Univ. lib. 5 cap. 2.

(2) On connaît un *Canon* à l'unisson pour deux voix,
et qui fait un grand effet, composé par le célèbre *Piccini*, et qu'il a mis dans le Drame intitulé, *la Buona
Figliuola* sous ces paroles : *è tal contento quello che io
sento ;* ce morceau prouve que les bons Compositeurs
n'ont jamais banni de notre Musique le *Contre-point*
travaillé en *Fugue* en quelque quantité qu'on y intro-
duisît les changemens de style, de goût et de vivacité d'idées.

« Quelques soins que se soient donnés des
« Compositeurs ennemis du travail, pour la
« discréditer et la bannir de leurs ouvrages,
« elle s'est maintenue contre leurs efforts, et
« se maintient toujours encore la même (1) ».
Et en effet, on ne peut pas disconvenir que
ce ne soit au *Contre-point* que l'on ne doive
en attribuer tout le mérite, si les compositions de ces grands Génies se sont trouvées
ornées de beaux chants, soutenues par les
règles d'une bonne et solide *Harmonie*, mê-
lées d'agréables modulations toujours variées
et enrichies de tous ces avantages qui leur
ont donné un rang si distingué parmi les
plus belles productions de l'esprit humain.
Il est assez évident, pour qu'on n'ait pas
besoin de le démontrer, qu'un Maître pour
être tel en effet, et non pas seulement de
nom, doit être en état d'écrire pour l'Eglise
aussi bien que pour le Théâtre. Or, sans
l'art du *Contre-point*, je vous le demande,
comment pourra-t-il appliquer les notes musicales aux *Antiennes*, aux *Introits* et aux autres
parties obligées du Plain-chant ? Croit-on

______

(1) Le *P. Martini*, Essai sur le *Contre-point*, tom. 2,
pag. 5.

que tout cela n'exige pas une étude particulière, à l'aide de laquelle on puisse arriver à connaître la nature des tons qu'il faut
moduler, l'étendue, la propriété, les cadences, la série des cordes ou les voix
qu'elles servent à former ? Comment concevoir que sans ce guide, l'écrivain puisse remplir sa tâche, et bien composer sans instrumens, des morceaux à voix seules, dans les
occasions fréquentes des Pseaumes, des chants
d'Eglise, des Offertoires, des Graduels, etc.,
genres dans lesquels se sont élevés si haut
par leurs compositions, les *Perti*, *Valotti*,
Martini, et sans parler de beaucoup d'autres,
Palestina à *S.t-Pierre* de *Rome*, où, lorsqu'on
la chante encore, sa Musique étonne et en-
lève les esprits qu'elle jette dans un profond
recueillement de dévotion (1)? C'est un
préjugé bien ridicule de penser que le *Con-*
tre-point puisse entraver et arrêter l'imagination. Autant vaudrait-il dire que l'étude
de la solidité nécessaire pour bien construire

____

(1) Il est constant que les ouvrages de Musique de
Louis de Palestina étonnent et enlèvent l'Auditoire
encore aujourd'hui, toutes les fois qu'on les chante
dans l'Eglise de *S.t-Pierre de Rome*.

F

les murs d'un bâtiment, ne ferait qu'appauvrir l'esprit et les idées de l'Architecte et le rendre incapable d'en composer les décorations. Mais de grâce, que doit-on entendre par l'art du *Contre-point?* C'est la méthode de faire chanter les parties sous une *Harmonie* bien conduite, de manière à les faire correspondre toutes à un centre d'unité; c'est l'art de moduler, celui de conduire un ou plusieurs sujets à-la-fois et des contre-sujets, enfin, de faire ce qu'on nomme *Fugue* en Musique, dont le nom semble faire peur, rien qu'à le prononcer. Qu'est-ce donc que la *Fugue?* Rien autre chose qu'un entretien guidé par la Logique, dans lequel les réponses et tout ce qui y est amené successivement, doit être analogue et se rapporter au sujet proposé, et dont la conclusion ou le dénouement est comme la péroraison d'un discours. N'est-ce pas avec ce même raisonnement qu'on apprend à bien conduire un morceau quelconque de Musique? Lorsque le Compositeur est parvenu à bien diriger un sujet, à faire chanter ses parties dans une convenance parfaite avec lui, que reste-t-il à lui demander? Rien que l'exécution. C'est alors qu'il doit s'attacher tout entier à l'étude de la Musique instrumentale, et aux effets du Théâtre, ce qui l'obligera à interroger et à bien connaître la nature et la propriété des instrumens, pour pouvoir les employer à propos, leur donner des chants réguliers, des Mélodies excellentes, des mouvemens gracieux, de belles imitations ; et tout cela ne peut s'obtenir facilement que par l'étude du *Contre-point*. C'est avec cette science seule que le Compositeur deviendra savant dans tous les genres de Musique ; qu'il saura allier à propos l'Art à la Nature, et qu'il emportera ainsi des applaudissemens mérités ; parce que l'œil du Spectateur, pour m'exprimer ainsi, sera agréablement frappé des diverses couleurs qu'il aura su habilement donner à sa toile. Il ne se lassera pas d'en parcourir les beautés, dont il retirera un plaisir toujours vif et toujours nouveau. Telle est la vraie pierre de touche pour juger sainement du mérite des productions du génie.

Après avoir démontré la nécessité qu'il y a pour un Compositeur, d'être instruit à fond dans l'art du *Contre-point*, dans la connaissance de l'*acoustique* ou de la propriété des sons, il est bon d'observer que de même que l'abus du *Contre-point* a pu, lors de son rétablissement , causer des dommages très-graves à la Musique, celui qu'on fait aujourd'hui de l'emploi des instrumens ne lui est pas moins préjudiciable. Et le même excès se fait remarquer encore. Beaucoup de Compositeurs, si je ne me trompe, mettent toute leur étude à étaler un luxe excessif d'instrumens, à composer une Musique toujours bruyante , un tapage continu qui assourdit les oreilles des pauvres assistans depuis l'ouverture de la pièce , qui devrait servir, au contraire, à préparer les esprits au silence, au maintien et à la décence. Ne semblerait-il pas qu'ils ne préparent tout ce fracas que pour distraire l'esprit de l'Auditeur et ne lui laisser pas la faculté de juger tranquillement du mérite réel de leurs ouvrages? Encore si on n'entendait tout ce bruit-là que dans l'ouverture; mais c'est du commencement jusqu'à la fin de l'*Opéra*. Il résulte de cet abus que lorsqu'on a besoin ensuite de la Musique bruyante pour figurer des batailles , des triomphes, etc., il ne lui reste plus assez de force pour les représenter. D'ailleurs, lorsque le Chanteur a à exprimer des sentimens d'affection , si les accompagnemens sont trop chargés , s'ils étouffent la voix, ils empêchent l'effet de la passion, et l'Orchestre nuit alors au lieu de soutenir, parce que les instrumens dominent et l'emportent sur le chant. C'est dans le cas que *Fontenelle* disait plaisamment : *Sonate, que me veux-tu ?*

Il n'est pas hors de propos d'examiner comment nos grands Maîtres ont fait usage de l'Orchestre dans leurs Compositions. Prenons le Récitatif obligé de *Pierre*, dans la première partie de l'*Oratorio La Passion*, de *Métastase* ; observons avec quelle sagesse *Jomella* emploie les couleurs les plus vives pour rendre la situation de *Pierre* qui flotte entre le remords, le repentir, la crainte et la honte. Qu'on s'arrête à la Scène de l'*Opéra Alexandre aux Indes*, de *Métastase*, mis en Musique par *Piccini*, et dans lequel est l'Air, *Se il ciel mi divide*, et qu'on voie avec quelle force, quelle expression, le Compositeur a su présenter au vrai le désespoir de *Cléophis*. Qu'on prenne le dernier Acte de la *Didon abandonnée* de *Vinci*, le *Giulio Sabino* de *Sarti* et autres *Opéra* du même genre ; on verra dans ces grands modèles, que les instrumens n'y sont employés que pour aider à la voix et à l'expression de la

Poésie, en appliquant les divers instrumens suivant les différentes passions qu'on a voulu représenter ; qu'ils n'ont fait usage des *Ritournelles* soit dans les Airs, soit dans les Récitatifs, que quand elles ont pu servir à donner plus de force à la passion, et non pas comme un prélude de caprice. Il reste donc encore démontré par rapport à l'Orchestre, comme une règle toujours constante, que l'excès gâte la Musique, comme il gâte tous les Beaux-Arts, et devient la cause fatale et première de leur décadence. Mais le Compositeur doit non-seulement être savant dans le *Contre-point* et dans toutes les parties de son Art, mais il doit encore avoir des connaissances dans la Littérature et dans la Poésie, comme on le verra par les raisons suivantes.

Il est certain que le Compositeur ne pourra jamais se trouver d'accord avec le Poëme, s'il ne connaît bien la mesure des syllabes, la qualité des accens, et sur-tout s'il ne peut entrer dans les sentimens que le Poéte a voulu exprimer. S'il est instruit, au contraire, dans la Poésie, cette connaissance peut lui servir à donner des idées au Poéte qui doit écrire le Drame, et à en recevoir. Il serait avantageux

qu'il fût par lui-même en état de composer,
soit parce qu'on ne peut jamais mieux acquérir les principes d'un art que par l'exercice
pratique, soit parce que le Compositeur alors
pourrait imaginer des choses que ne savent
point de certains Poétes modernes, qui, tout
en écrivant pour le Théâtre, ignorent quel
est le genre de Poésie le mieux approprié au
Drame musical. Et comme d'ailleurs la ma•
jeure partie des Ecrivains n'est pas persuadée
de cette vérité, il en résulte que le Théâtre
est inondé de Compositions décousues, qui
n'ont aucun rapport avec le sens des paroles, et telles qu'on pourrait leur appliquer
tout autre Poëme, ce qui ne pourrait avoir
lieu avec la Musique de *Jomella*, de *Marcello* et autres Maîtres du dernier siècle,
parce qu'ils étaient en même-tems habiles en
Poésie et en Musique. Si ces ignorans con-
naissaient mieux l'Art divin des vers, ils ne
tomberaient pas aussi facilement dans le défaut de mal arranger plusieurs notes sur la
même syllabe; abus dont parle ainsi l'historien *Arteaga :* « Si les Maîtres s'attachaient
« à étudier la prosodie de notre langue, ils
« verraient qu'on ne peut, sans l'offenser
« grièvement, prendre une telle liberté qui

« fait perdre toute l'expression à la Musique,
« au lieu de l'augmenter ; qu'on ne saurait
« diminuer le *son* d'une seule syllabe , le
« rompre ou le multiplier sans un grand in-
« convénient, sans sacrifier la raison; c'était
« là un des précieux avantages qu'avait la
« Musique ancienne, de conserver avec scru-
« pule la valeur de chaque syllabe ; le con-
« traire n'arrive que parce qu'on écarte la
« Poésie et qu'on la sépare de la Musique ».
Un autre des vices prédominans et qui résulte
encore du peu de connaissance qu'on prend
de la Poésie, c'est celui de vouloir terminer
presque les airs les plus pathétiques par
un *allegro*. Je vous demande, si de voir
un prisonnier prêt à mourir dans un Récitatif
bien passionné, suivi d'un *Cantabile*, et cette
scène d'horreur se terminer tout-à-coup par
une Polonaise bien gaie, n'est pas une chose
ridicule à l'excès et qui choque le bon sens?
Qu'on fasse répéter la même Musique par
deux Acteurs différens dont l'un ne voie pas
l'autre, et qui ne sachent pas même qu'ils
se trouvent tous les deux dans un même lieu ;
ils la rendront d'une manière tout-à-fait contraire. On ne s'inquiète pas si on applique
une Musique gaie et agréable à un sujet

héroïque et de terreur, etc., outre mille autres défauts qu'il serait trop long de rapporter. Je sais bien que les Maîtres me répondront qu'ils en agissent ainsi parce qu'ils veulent produire un effet théâtral. Mais alors il ne faudra donc plus faire servir la Musique qu'à chatouiller les oreilles au lieu d'émouvoir le cœur ! Et doit-on trahir ainsi la vérité qui ne peut exister que dans l'imitation de la Nature? Que dirons-nous aussi de ces nombreuses répétitions de paroles désavouées par le bon sens, et qui ne servent que parce qu'elles conviennent au Chanteur et au Maître? de ces Chœurs si bruyans qu'on a introduits de force dans presque tous les morceaux d'*Opéra*? de tous ces petits *Concerto* d'instrumens à vent, mal appropriés aux paroles qu'ils ont à exprimer? de ces Airs avec instrument de Violon ou tout autre accompagnement obligé, qui ne prouvent autre chose sinon que le Chanteur est en état, par l'agilité de sa voix, de disputer avec l'instrument lui-même? C'est avec tous ces moyens absurdes et d'autres semblables que la Musique est parvenue à détruire la Poésie, et que toutes les deux s'éloignent de leur objet principal qui est de bien imiter la Nature. Je vais plus loin; il serait à desirer non-seulement que le Compositeur de Musique connût la Poésie italienne, mais qu'il fût également instruit dans la Poésie latine; car si un Maître de Chapelle doit être en état d'écrire pour l'Eglise, c'est sur du latin qu'il doit composer. Or, comment pourra-t-il exprimer le langage de la Poésie sacrée s'il ne l'entend pas ? C'est de cette ignorance qu'on ne peut trop condamner, qu'est venu ce genre de Musique indécente qui mit le Pape *Pie IV* dans la nécessité de bannir l'Art de la litargie de l'Eglise, et l'on doit savoir un gré infini à l'immortel *Palestina* qui a su mettre à l'abri d'un si grand affront cet Art le plus noble de tous, le plus propre à offrir à la Divinité les hommages des mortels, et qui était déjà l'ame du Culte dès les premiers tems et les plus voisins du berceau du genre humain. Mais le style de la Musique d'Eglise d'aujourd'hui est bien loin de ce qu'il devrait être; il est entaché (pour me servir des termes de *Brown*) (1) de la même puérilité que les Airs d'*Opéra*. « Une étendue « prodigieuse, des divisions extravagantes sur « les syllabes seules, s'arrêter trop long-tems

---

(1) *Brown* pag. 183.

« sur de simples paroles, et tout cela en né-
« gligeant la méthode ordinaire du chant;
« voilà en général son caractère ». Et peu
après il dit : « La vérité est que la Musique
« d'Eglise en Italie est comme celle de l'O-
« péra, envisagée plutôt comme objet de
« divertissement, que de dévotion ».

L'auteur de la vie de *Marcello* fait à ce
sujet de très-grandes doléances, en obser-
« vant que les Eglises resteront toujours
« mal desservies, tant que l'emploi si dis-
« tingué de composer sur les matières sa-
« crées restera abandonné aux soins de per-
« sonnes de l'ordre le plus bas, sans ins-
« truction, et ce qui est pis, *gens à gage*,
« portées par goût, et obligées, pour ainsi
« dire, par le besoin, de se conformer aux
« sottises du peuple et à flatter son aveugle
« inconstance; et c'est encore aux dépens
« du bons sens et de leur raison, quand
« par hasard, ils en conservent quelque
« portion (1) ».

Ce sont tous ces défauts devenus propres
à la Musique du jour par la faute des *Poétes*,
des *Chanteurs* et des *Compositeurs*, qui ont

---

(1) *P. Fontana*, Vita di *Marcello*.

amené de funestes conséquences et sur-
tout pour le Mélodrame. La première est
de jeter dans une insubordination générale
toutes les personnes attachées à la composition du Drame. Le Compositeur est en
querelle avec le Musicien, en opposition
avec le Poéte, et obligé de se disputer avec
l'Entrepreneur, qui est lui-même de son côté,
en guerre ouverte avec chacun d'eux, à
moins que quelque Actrice ne vienne ap-
paiser sa colère. Le Peintre, le Machiniste,
l'Orchestre et les Danseurs, sont en alterca-
tion et en discorde entre eux, et tous conspirent ainsi à la ruine du Mélodrame. C'est
justement de ce défaut d'intelligence et de
subordination entre toutes les parties qui
constituent l'ensemble du Spectacle, qu'il
arrive que la composition musicale n'est plus
qu'une affaire de pur mécanisme, au lieu
d'être un libre élan de cet enthousiasme qui
saisit et enflamme tout d'abord. L'ouverture
du Théâtre est fixée à quelques jours d'ici,
que le Poéte n'a pas encore écrit son Poëme;
ce n'est qu'aux derniers momens qu'il se dé-
cide à fournir quelques morceaux d'ensemble,
l'*Introduction*, les *Duo*, les *Trio*, les *Finales*, afin que les Chanteurs une fois arri-

vés, on puisse commencer les Répétitions.
Le Compositeur est obligé d'achever son
Opéra, dans le court espace de tems qui
suffit à peine au Copiste, et tout cela, sans
s'embarrasser de ce qui se passe, sans connaître ni la conduite, ni le caractère des
Acteurs ou les passions qui les agitent, et
qu'il pourrait faire, le plus, ressortir et valoir, ou les situations les plus intéressantes.
Bientôt la première Actrice, le premier So-
prane, le *Tenor* et tous les autres Acteurs,
mettent en avant leurs prétentions particulières, et c'est au milieu d'un vacarme affreux
et en l'insultant, qu'ils forcent le Maître à leur
distribuer leur rôle ; en attendant, c'est à qui
se fera plus de tours, machinera plus d'in-
trigues, plus de cabales pour faire prévaloir
ses convenances, et c'est au milieu de tous
ces embarras d'ennui et de fatigue dont il
est assailli par toute cette canaille, et pour
y mettre fin, que le Compositeur désespéré
achève son *Opéra*. Mais quel en sera le mérite particulier ? Et en supposant qu'il en fût
susceptible, quel succès pourrait-il obtenir
avec des Acteurs qui font tous leurs efforts
pour prédominer, et qui conspirent à l'envie
à qui indisposera le Public contre l'ouvrage

du Maître et pour le faire siffler? Il n'est pas douteux que la désunion des parties ne doive influer sur le tout composant l'ensemble du spectacle, et qu'il n'en résulte de l'incohérence, de la cacophonie, du décousu et de l'invraisemblance, et c'est ainsi qu'on aura rendu ridicule, au lieu d'être intéressant, un des plus beaux amusemens qui puisse récréer dignement l'esprit humain. Le Théâtre est aujourd'hui ce qu'il était du tems d'*Horace*, lorsqu'il se plaignait qu'en y entrant, il lui paraissait entendre le sifflement des vents à travers les forêts, ou le mugissement de la mer en fureur. *Garganum mugire putes nemus, aut mare Tuscum.* Depuis qu'on a envisagé le Théâtre absolument comme un lieu de licence et de débauche, le Public n'y fait plus la moindre attention. Il en résulte que la Musique des meilleurs Auteurs n'y fait aucun plaisir, et que les ouvrages des plus habiles Maîtres, l'ornement de nos jours, n'y sont plus accueillis depuis quelques années, qu'avec indifférence et mépris; on y voit au coutraire des Compositeurs plus que médiocres, ignorans dans leur Art et dans la Littérature, enlever les applaudissemens (toutefois par des moyens illicites), et ne

chercher pour toute gloire, que d'éveiller
chez les Auditeurs un plaisir du moment à
force de passages qui chatouillent leurs o-
reilles. Tous ces Maîtres au surplus qui ne
se distinguent que par le nombre, ne font
que se copier l'un l'autre, d'où résulte la
monotonie, la trivialité, l'imitation servile ;
et pour les Spectateurs amis du bon goût
et connaisseurs de l'Art, l'ennui et le dégoût
d'entendre répéter toujours le même chant.
L'expérience de ce qui arrive journellement
au Théâtre et de ce qu'on y peut voir par
soi-même, me dispense de l'obligation d'en
donner des preuves et de m'arrêter plus long-
tems sur ce triste sujet. Le peu d'accueil
qu'on fait aujourd'hui aux ouvrages dramatiques, ne regarde, à la rigueur, que le
Mélodrame sérieux, non l'*Opéra buffa*, avec
lequel il est plus facile d'obtenir les suffrages
du Public. Mais cette faveur de préférence,
je le dis à la honte de notre tems, ne tient
point au mérite réel et à la beauté de la
Poésie ou de la Musique, mais à une teinte
d'immoralité qu'on voit prévaloir dans les
ouvrages de Poésie de ce genre, où d'ordinaire tout l'effort du génie du Poéte consiste
à introduire des équivoques assez peu dé-

centes et qui font allusion aux mystères de
la galanterie ; enfin à couvrir ce que le vice
a de plus piquant sous un voile léger et délicat qui se laisse entrevoir tout entier : et
chez le Compositeur et les Chanteurs, dans
une certaine adresse à employer les couleurs
les plus vives, les plus saillantes de l'Art,
pour embellir la licence et le vice lui-même.
Le Théâtre retentit d'applaudissemens que le
Poéte, le Compositeur et l'Actenr, se par-
tagent entre eux, et dont chacun attribue
une part à son propre mérite, tandis que
ce n'est qu'un hommage, un tribut, que le
vulgaire corrompu paye au libertinage.

Telles sont les idées que j'ai l'honneur de
soumettre à l'illustre Société sur *l'état présent de la Musique en Italie*, et sur les
vices qui l'ont corrompue : Etat qui mérite
d'être pris en grande considération par un
Goúvernement sage et éclairé, afin qu'il y
soit pourvu sans délai, et pris des mesures
pour prévenir la ruine trop prochaine du
plus agréable, comme du plus utile des
Arts. Mais il recouvrera bientôt sa beauté
originaire, si le plus Grand des Monarques,
de la même main victorieuse avec laquelle
il règle les destins de l'Italie, veut le relever

et lui faire retrouver son éclat à côté de son trône. Et pour en hâter le moment, et faire luire l'aurore de cet heureux jour sur le ciel de l'Italie, je vais exposer dans la troisième partie de ma Dissertation, et soumettre à l'examen du Corps illustre qui veut bien m'entendre, les moyens qui, à mon avis, semblent les plus propres non-seulement à empêcher la décadence de l'Art dont nous nous occupons, mais à lui rendre tout son premier éclat.

G

TROISIÈME PARTIE.

Comme en matière de réforme, ce qui va faire l'objet de cette troisième partie, il est toujours plus facile de proposer les moyens de l'obtenir qu'il ne l'est de la faire exécuter, il y a de la témérité de ma part d'oser me présenter après *Brown* (1), *Planelli*, *Arteaga*, *Algarotti*, ces Auteurs si connus qui ont traité la matière avec autant d'érudition, et d'entrer en lice avec ces grands Écrivains.

On peut observer cependant que ces Auteurs, dignes d'ailleurs de toute estime, n'é-taient pas assez instruits dans l'art de la Musique, qu'ils n'ont pu en parler qu'en Littérateurs avec les principes seuls du bon goût, et par l'analogie qu'ils ont remarquée exister entre elle et les autres Arts libéraux. Je

____

(1) *Brown* entre autres choses très-importantes pour l'éducation, recommande d'exiger de bonne heure à l'exemple des Grecs « la pratique d'une Musique do- « mestique particulière, comme étant un moyen très- « propre à calmer les passions, à disposer le goût et « à fixer les habitudes de la jeunesse ».

prendrai, pour me guider dans l'exposition des vues que je crois utiles au but qu'on se propose, la série des mêmes moyens, par lesquels j'ai démontré dans la première partie de ma Dissertation, que la Musique s'était élevée dans le cours des deux derniers siècles, au plus haut degré de sa gloire ; et sans perdre de vue les causes que j'ai indiquées dans ma seconde Partie, et que j'ai prouvé avoir amené plus particulièrement la destruction de l'Art, j'indiquerai les remèdes qui me paraissent les plus propres à sa restauration ; enfin, pour rendre ma narration plus claire et plus facile, je marcherai par chapitres séparés.

I.er

Institution du Gouvernement.

La première de toutes les mesures à prendre ce serait que le Gouvernement voulût établir une Commission publique composée de Membres éclairés qui connussent à fond la Poësie Dramatique et la Musique tant dans la théorie que dans la pratique ; qu'on attribuât à cette Commission le droit de prononcer sur le mérite de tous les ouvrages de Poësie

et de Musique qu'on voudrait publier. On devrait encore lui affecter la surintendance sur
tout ce qui peut avoir quelque rapport avec la
Musique ou d'Eglise ou de Théâtre, et même
sur les personnes attachées aux Spectacles
dramatiques. Et ses décisions devraient être
sanctionnées par la Suprême Autorité du
Gouvernement, pour obtenir une prompte et
sûre exécution.

II.

Poësie.

Pour opposer une barrière aux dommages
que la mauvaise Poësie peut causer à la
Musique, et aussi pour écarter du sein même
du Melodrame une des causes de sa corruption, il n'y a pas de remède plus efficace
que de remettre en vogue les compositions
dramatiques de *Métastase*, jusqu'à ce qu'il
ne s'élève un autre Poëte qui l'atteigne dans
son vol, et qu'il produise des ouvrages con-
venables, appropriés si bien à la Musique,
qu'elle puisse y déployer toutes ses richesses
avec pompe et dignité. Au surplus, le choix
du sujet, ainsi que tout ce qui regarde le

bon goût et les règles de l'Art Poëtique et Musical, devront être du ressort de la Commission ci-dessus indiquée, et soumis à son examen.

III.

Maîtres de Musique.

S'il est nécessaire d'avoir des Écoles pour former de bons Chanteurs, il ne l'est pas moins d'en avoir pour faire de bons Compositeurs. On devra apporter sur-tout une très-grande attention au choix des personnes qui seraient chargées de la direction de ces Écoles, en observant qu'un Maître habile au Théâtre, n'est pas pour cela toujours propre à faire des élèves ou à former de bons Compositeurs, parce qu'en général, on n'est pas toujours capable d'enseigner ce qu'on sait le mieux.

Nous avons fait remarquer plus haut que le véritable fondement de la Musique c'est le *Contre-point*. Il devra donc y avoir dans ces Écoles, des Maîtres exclusivement chargés de l'enseigner. Indépendamment des élémens de cette science dont chaque jeune Compositeur doit être instruit, il faut qu'il le soit dans le Chant, et qu'il sache toucher l'Orgue, toutes conditions qui contribueront à le rendre plus habile. Après ces connaissances préliminaires, on le fera passer sous des Maîtres Praticiens pour étudier sous eux, ce qu'on appelle communément *l'effet du Théâtre*, et joindre à cette étude celle des instrumens à Cordes et à Vent, dont il doit avoir une parfaite connaissance. Avec ces études musicales on fera marcher celle des Belles-Lettres, de la Poësie et même de la Langue Latine pour le service de l'Église; et avant d'exercer leur profession, ces jeunes Compositeurs devront, comme les Chanteurs, passer à un examen sur les différens styles dans lesquels ils doivent déjà savoir composer, de manière qu'il n'y ait que ceux qui en sortiraient avec honneur et distinction, qui pussent être employés dans l'Art, ainsi qu'on le fait à *Londres*, à *Vienne*; et en Italie, à *Bologne*, à *Naples* et à *Rome*. Les ouvrages, même des Maîtres, devront, comme ceux des Poétes, avant d'être publiés, être soumis à la censure de la Commission, qui n'en permettra la publication que s'il y a lieu.

Le Poéte, aussi bien que le Maître de Musique, doit être investi de toute l'autorité nécessaire sur ceux qui sont sous leurs ordres. Quant au traitement pécuniaire qu'on devra faire au Compositeur, voyez le paragraphe suivant.

IV.

Les Chanteurs.

On a vu dans la première partie de cette Dissertation, que c'est de ces nombreuses et excellentes Ecoles de l'Art du Chant qu'étaient sortis tous ces habiles Chanteurs dont l'histoire parle encore. De-là la nécessité d'ouvrir de nouveau ces Écoles publiques, et de les faire diriger par des Maîtres habiles, afin qu'en stylant la jeunesse dans la marche difficile de l'*Art Musical*, on puisse en former un corps choisi d'excellens Chanteurs. Les Elèves y devront apporter tous leurs soins à s'instruire dans les lettres en tant qu'elles ont du rapport avec la connaissance de leur propre langue, de la *Poësie* Italienne et de la Latine ; ils devront aussi y être formés à la déclamation pour pouvoir représenter convenablement à l'aide du geste, les sentimens de l'âme.

Je voudrais encore qu'avant de s'exposer

en public, ces jeunes Artistes fussent soumis à un examen sévère et rigoureux ; et qu'une fois attachés au Théâtre, ils y portassent la subordination prescrite et nécessaire, la docilité qu'on doit aux avis du Poéte et du Compositeur, sans vouloir prétendre à leur faire la loi : que les traitemens arbitraires et excessifs qu'ils exigent pour leurs engagemens fussent réduits à des salaires discrets ; et qu'au contraire on augmentât ceux du Compositeur et du Poéte qui sont au Drame Musical, ce que la raison est aux parties du corps humain.

V.

Le Ballet.

On regardait, chez les Romains, le Ballet Pantomime, comme une des causes de la décadence de la *Musique* et de la *Poësie* qu'on avait négligées, pour s'attacher au premier. C'est ce qui arrive parmi nous, où l'on voit également le peuple transporté pour la *Mimique.* Cette préférence n'a d'autre motif que le plaisir qu'offre le Ballet, en parlant aux sens avec le langage des attitudes séduisantes du corps humain. Si on ne croit pas devoir le bannir tout-à-fait du Théâtre, l'Autorité Supérieure pourrait au moins le forcer à se renfermer dans ses propres limites. Le Ballet est devenu aujourd'hui la partie essentielle de l'Opéra, qui n'en est que l'intermède au lieu d'en être tout autrement. Il est constant que la danse introduite, comme elle l'est aujourd'hui, entre les deux actes de la pièce, en détruit toute l'illusion, en tronquant ainsi l'unité du sujet, parce qu'elle distrait l'esprit qu'elle promène sur d'autres objets tout-à-fait étrangers au Drame. Chez les Grecs et les Romains le Ballet introduit dans les Tragédies et les Comédies, y figurait comme chœur; de manière que si la danse s'y mêlait quelque fois, c'était pour donner plus de force à l'action principale, et la conduire à la même fin. C'est à quoi fait allusion *Horace* dans son Art Poétique, lorsqu'il dit:

> . . . . . . Neu quid medios intercinat actus,
> Quod non proposito conducat et haereat apte.

Il me semble à moi qu'on pourrait allier, par le moyen d'une sage ordonnance, le Ballet à la Musique, et l'identifier au Mélodrame, mais en l'enfermant dans les prin-

cipes de la saine raison et dans le goût épuré
du Beau :

Quos ultra citraque nequit consistere rectum.

VI.

Le Théatre ne doit pas être livré à des Entrepreneurs.

La chose est claire par elle-même, elle
n'a pas besoin d'être démontrée : il n'y a
personne en Italie qui ne connaisse la vé-
nalité, l'ignorance et la mauvaise foi de cette
engeance. Il convient que le régime du Théâtre
soit mis sous la surveillance immédiate du
Gouvernement et qu'il en fasse diriger l'entreprise par des personnes en état. Il faut que
celles-ci se défendent de cette économie mal
entendue, et qu'au contraire elles donnent
au Spectacle tout l'éclat et toute la magnificence convenable ; et alors l'Italie reverra
encore ces superbes représentations théâtrales
qui étonnèrent jadis dans les beaux tems de
Rome (1).

____

(1) A *Athènes* c'était le *Demarca* un principal Ma-
gistrat qui prenait à son compte l'entreprise du Théâtre.
Cet emploi était si honorable qu'*Adrien* devenu Empereur, en fut revêtu.

Signorelli, *histoire des Théatres, t. I, pag.* 311.

VII.

De la police du Théâtre par rapport au Public.

Anciennement c'était un *Corago* ou un *Edile* qui présidait aux représentations théâtrales pour tenir en respect l'assemblée populaire.

Sans doute le peuple a bien le droit d'exprimer le plaisir qu'il éprouve, mais il ne doit pas s'ériger en juge, quelqu'éclairé qu'il soit pour prononcer sur le mérite essentiel de l'Art, de ce Beau qui, comme l'observe si à propos le très-savant *Arteaga*, n'est pas nommé ainsi, parce qu'il procure du plaisir, mais seulement quand il fait naître un plaisir raisonné, fruit de l'observation et de la réflexion. Une des raisons pour lesquelles les Arts se perdent, c'est qu'on laisse au vulgaire le droit de juger du mérite des productions du goût. Il n'en était pas ainsi chez les Grecs; aussi vit-on sur ce sol heureux fleurir long-tems les Beaux-Arts, et y arrivèrent-ils au plus haut degré de perfection.

VIII.

Musique d'Eglise.

La même Commission qui présiderait aux emplois difficiles dont nous avons parlé ci-dessus, devrait être chargée aussi de l'examen des ouvrages de Musique d'Eglise, avec la faculté de rejeter celles qui n'auraient pas assez de gravité, de dignité, qui manqueraient de cette expression religieuse qui doit caractériser la Poésie sacrée et le respect qu'on doit à la majesté du Temple. La même Commission devra porter sa surveillance, même sur les Organistes, parce que la science de cet instrument exige de la part de l'exécutant une certaine connaissance du *Contre-point*, et parce qu'on doit exiger de lui ce qu'indique le *P. Martini* en disant : « On « s'aperçoit que si l'Organiste, en accompa- « gnant alternativement le Chant sacré, n'est « pas instruit sur le *Plain - chant* et tout « ce qui a rapport à l'*Inni* (1) qui est le « chant des *Pseaumes*, etc., il ne peut

____

(1) On appelait ainsi chez les Grecs le genre sacré.
N. du Tr.

« remplir que fort mal son emploi au dé-
« plaisir de l'Auditoire et au regret des
« Chanteurs (1) ». On doit interdire aux Organistes dans leurs caprices, tout mode tendre
et efféminé comme contraire à la gravité du
lieu, et lui faire adopter un style sérieux,
suivi, majestueux, grave, et tel qu'il convienne
au service du Culte Divin. La surveillance
de la Commission s'étendra aussi sur les
Chanteurs, qu'elle obligera à exécuter les
Compositions de la manière la plus conforme
à l'importance et à la majesté du sujet, c'est-
à-dire, en mettant toute leur attention dans
une exécution simple, naturelle et religieuse,
et non pas avec la pompe ridicule de l'Art.
Ecoutons ce qu'à cette occasion disait *S.t-
Augustin* : « Je m'en veux toujours quand
« je me sens porté à donner plus d'attention
« au Chanteur qu'à ce qu'il chante ».

IX.

Bibliothèques Musicales.

Il manque un établissement nécessaire aux
besoins des études de la jeunesse et à l'ac-

____

(1) Essai sur le *Contre-point*, pag. 7.

croissement des progrès de l'Art, ce sont des Bibliothèques publiques de Musique, qui auraient sur-tout une grande utilité, si on les trouvait établies dans les principales Villes de l'Italie. Ces Bibliothèques devraient contenir et les ouvrages classiques des Ecrivains théoristes et les productions des meilleurs Praticiens. Mais parmi les ouvrages publiés qui formeraient cette collection, on regretterait de n'y pas voir un ouvrage élémentaire sur l'Art musical, qui en exposât les principes avec clarté, avec méthode et dans un système complet. Et pour arriver plus surement au but, il conviendrait d'établir un cours d'études musicales, raisonné et progressif, qui pût servir de règle aux Maîtres dans l'instruction de la jeunesse, à l'instar des cours de Littérature et de Philosophie et de tant d'autres qui ont été publiés dans ces derniers tems.

X.

Des Académies.

Notre Musique a besoin d'un autre genre d'établissement scientifique dont elle est privée, je veux parler de ceux qui existent au profit de la *Peinture*, de la *Sculpture* et de l'*Architecture*. On ne voit pas la raison pourquoi notre Art, d'ailleurs aussi nécessaire et aussi utile que ceux-ci et plus que d'autres, reste ainsi errant et fugitif, entièrement délaissé, abandonné sans refuge et sans un asile fixe et assuré. Pourquoi les prix, les médailles et toutes ces autres distinctions honorifiques qui sont d'un si grand avantage pour exciter l'émulation et qui portent le génie des hommes à la recherche constante du beau et du vrai, ne seraient pas promises à la Musique dont elles ne manqueraient pas d'avancer les progrès et qu'elles serviraient à porter bien certainement à un état toujours croissant de perfection ?

Conclusion.

Tels sont les moyens qui m'ont paru les plus sûrs et les plus propres à remplir l'objet très-important que se propose l'*illustre Société*, d'empêcher non-seulement la décadence de l'Art, mais de lui donner un éclat qu'il n'a jamais eu à l'époque même de sa plus grande splendeur. Je passe sous silence plusieurs autres secours qu'exigeraient la culture et la perfection de l'Art, parce qu'ils sont connus de tout le monde, et qu'ils sont d'ailleurs

communs à la Musique et à tous les Beaux-
Arts : Ce sont la munificence du Souverain,
la libéralité des Grands, la paix et l'abon-
dance. Il en est un cependant, que je ne
puis m'empêcher de faire valoir, comme ayant
été cité souvent avec éloge. Le P. *F. Fontana*
en parlant des usages et des mœurs de *Londres*,
dit : « Il y a à chaque année à *Londres* une
« réunion périodique qu'on appelle le *Con-*
« *cert ancien*, établi aux frais d'une Société
« d'Amateurs, et dans lequel on exécute et
« l'on chante les ouvrages des Maîtres les
« plus célèbres morts depuis long-tems.
« C'est une institution fort sage, en ce
« qu'elle sert à conserver la mémoire des
« hommes qui ont le mieux mérité de l'Art,
« et à faire connaître aux Assistans au moyen
« de la comparaison, si véritablement nos
« Maîtres modernes marchent par degré à
« la perfection de l'Art, comme on doit le
« supposer ; ou si au contraire, ils ne s'en
« sont point constamment éloignés, et s'ils ne
« continuent pas de le faire de plus en plus.
« Il faudrait aujourd'hui en Italie un éta-
« blissement comme celui-là (1) ». On ne

---

(1) *P. Fontana* , Vie de *Marcello*.

saurait disconvenir qu'on en retirerait un grand avantage , sur-tout si en même-tems qu'on exécuterait ces riches compositions, il se trouvait là un de ces hommes savant et connu par son mérite, qui dans l'intervalle pût entretenir l'Auditoire par des discussions analogues à la Science et dont l'objet roulerait sur les modèles de Musique qu'on aurait entendus, et dont le but judicieux serait d'en faire remarquer les beautés réelles. On pourrait encore ajouter à l'intérêt de la séance , en y introduisant après la Musique , une lecture de quelques beaux morceaux de *Poësie* ou d'autres productions de belle Littérature; ou bien si on y lisait et si on y expliquait quelque traité théorico-pratique d'un Auteur classique dans la Science *harmonique*. Mais ce projet que je ne fais qu'indiquer ou tout autre qu'on pourrait imaginer, ne peut avoir d'exécution qu'autant qu'il serait soutenu de l'autorité des hommes puissans ou des Sages qui ont en main les rênes du Gouvernement. Quel autre oserait affronter ou applanir et vaincre les obstacles insurmontables et les difficultés capables d'arrêter ce projet dans sa marche, que ce Génie extraordinaire le plus puissant et le plus éclairé des Monarques de la terre? Lui seul d'un clin-d'œil peut faire disparaître toutes ces ombres qui enveloppent encore la *figure* de la Divine Harmonie.

Me voici arrivé à la fin de mes trop longues recherches dans lesquelles j'ai tâché de réunir tout ce qui pouvait servir à expliquer et à développer les trois parties de l'argument proposé. Je m'estimerais bien heureux si mes soins quels qu'ils soient, pouvaient me valoir le suffrage des hommes qui marchent sur la ligne de la raison, dégagés de tous préjugés. Je sens naître en moi et vivre cette douce espérance de la part de cette illustre Assemblée que je regarde comme le siége de la Sagesse de l'Italie. Si elle daigne honorer mon travail d'un de ses regards de bienveillance, il sera pour moi plus précieux que si j'obtenais les applaudissemens d'une multitude ignorante, selon la vérité de cet adage que le jugement d'un seul homme instruit, éclairé, est préférable à celui de tout un peuple. *Sufficit mihi unus Plato, pro cuncto populo.*